Delicious Martha

Delicious Martha

**MIS 100 MEJORES RECETAS
DULCES Y SALADAS**

MARTA SANAHUJA

Grijalbo

Penguin
Random House
Grupo Editorial

Primera edición: octubre de 2022

© 2022, Marta Sanahuja
© 2022, Penguin Random House Grupo Editorial, S.A.U.
Travessera de Gràcia, 47-49. 08021 Barcelona

Printed in Spain — Impreso en España

ISBN: 978-84-18055-46-1
Depósito legal: B-13.711-2022

Diseño de cubierta e interior: Penguin Random House Grupo Editorial / David Ayuso
Maquetación: Roser Colomer

Impreso en Gráficas 94, S. L.
Sant Quirze del Vallès (Barcelona)

DO55461

A mis fracasos, por empujarme
a ser mi mejor versión

Índice

Introducción   8

Tips y *hacks*   11

Recetas saladas   21

Recetas dulces   120

Agradecimientos   227

Índice de recetas   228

Índice de ingredientes   230

Introducción

Este libro que sostienes en tus manos no es un libro más. No es el segundo libro en dos años. No es un recopilatorio de mis mejores recetas para que las disfrutes con quien más quieras. No es el resultado tras meses de mucho esfuerzo, de recetas fallidas, de pruebas incesantes y de muchos contratiempos. No es una parte más de mí, ni de mi forma de ser ni de vivir. Este libro es muchísimo más. Ha sido mi punto de inflexión. Si hace unos años yo misma fui mi propio ave fénix, esta vez ha sido el libro el que me ha empujado a renacer. Ha tirado de mí en plena crisis para hacerme sentir que sí. Que puedo y que estoy en el camino correcto, porque yo lo he elegido así.

Después de la gran acogida que tuvo *Mis recetas saludables y sencillas*, creí que ya lo había dado todo. Me había exprimido como una naranja y pensaba que ya no tenía nada más que aportar. Noté cómo la crisis y el pánico me recorrían la piel. El miedo a lo conocido. A la necesidad de volver a huir para poder reformularme.

Sentí que tenía que dar un paso al lado y evitar que el tren me atropellara. Y eso hice. Me puse a un lado y dejé pasar el tren, el avión, la bicicleta y el sidecar. Me olvidé del libro y lo guardé en un cajón. Pasaron días, semanas, meses... Y seguía haciendo como que no existía. Todavía no.

«Si no soy mi mejor versión, no puedo ofrecer nada bueno».

«No puedo obligarme a dar si quien primero me necesita soy yo».

Y dejé que todo fluyera.

Por suerte, mi agudo sentido de los *porsiaca* me dio un aviso a tiempo, así que pedí cuatro meses más para trabajar en el libro. ¡Brava! (Gracias a mis ángeles por mandarme esa señal y gracias a mí por pillarla al vuelo).

Ese tiempo extra me dio la vida. El aire que me faltaba. Estos cuatro meses son el punto de inflexión entre el fracaso de no terminar un libro y el poder entregar una versión mejorada de mí misma. De nuevo, la vida me vuelve a poner delante lo que necesito.

En este libro encontrarás recetas nuevas, recetas mejoradas y algunas que quizás conozcas. ¿Por qué? Porque son tan maravillosas que quería impregnarlas de tinta. Quería poder tocarlas, olerlas, sentirlas en mis manos... Y quería que estuvieran en este libro que tanto ha significado para mí y me ha recordado el porqué estoy hoy aquí.

Espero que me acompañes, lo hagas tuyo y lo disfrutes y, como siempre, aquí estaré yo sintiéndome *millonaria de emociones*.

Tips y hacks

Tips y hacks

Cómo forrar un molde rectangular con papel vegetal y cuatro cortes

Pon el molde sobre el papel vegetal bien centrado. Si el papel es muy grande, recorta un poco del extremo más largo. Haz cuatro cortes, dos por cada lado corto del molde, justo en la línea que marca el final del recipiente. Coloca el papel dentro del molde y las lengüetas de los bordes la una hacia la otra. Te quedará perfecto en el interior.

Cómo forrar un molde redondo para tartas de queso

Para tartas sin base o que vayan al baño maría, coge el papel vegetal, haz una bola para arrugarlo, empápalo bajo el grifo y escúrrelo bien. Ahora colócalo en el molde y que coja bien la forma. Así también evitas que se queme el papel en preparaciones en horno a altas temperaturas.

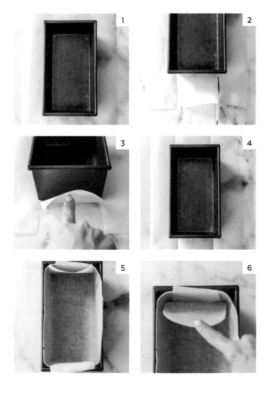

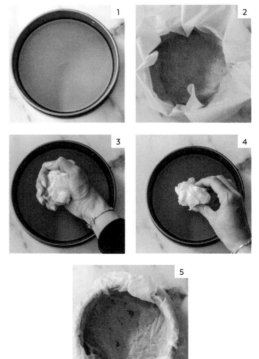

Cómo hacer papeles de magdalenas sencillos con papel vegetal

Corta una hoja de papel de horno a tiras, y estas tiras en cuadrados de unos 10-12 cm por cada lado. Haz un corte en el centro de cada lado del cuadrado de unos 3 cm, sin llegar a cortarlo completamente. Coloca el papel en la bandeja de magdalenas y presiónalo hacia abajo para que coja la forma.

Cómo separar las claras de las yemas rápidamente

Usa una botella de plástico y ya no volverás a sufrir para separar las claras de las yemas.

Cómo pelar la raíz de jengibre fácilmente con una cuchara

Si ves que, con el cuchillo, además de la piel, te llevas gran parte de la raíz, la solución es usar una cuchara. De este modo únicamente rascarás la piel sin desperdiciar nada más.

Cómo limpiar un táper lleno de tomate con papel

Abre el táper, coloca dentro unos trozos de papel absorbente. Pon un chorrito de jabón de platos y una gota de lejía. Cubre con agua tibia. Cierra, agita muy bien. Abre, escurre y aclara. Táper impoluto.

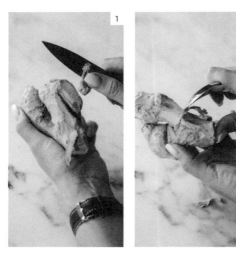

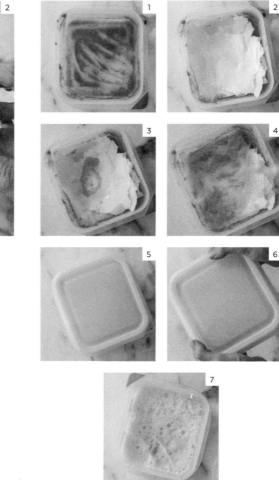

Cómo no llorar cortando cebolla

Si no quieres llorar cortando cebolla para después añadirla a un sofrito..., ponla en el congelador unos 10 minutos antes.

Cómo evitar que la tabla de cortar resbale en la mesa

Coloca dos papeles absorbentes, ligeramente humedecidos con agua, entre la mesa y la tabla.

Cómo cortar tomates cherry en una sola vez

Dispón los cherrys, previamente lavados, en un plato. Coloca un plato igual encima para inmovilizarlos. Coge un cuchillo bien afilado y pásalo entre los dos platos para cortar todos los tomates por la mitad.

Cómo evitar que se separe la crema del aceite en las mantequillas de frutos

Ciérralas bien y guárdalas en la despensa siempre boca abajo. De ese modo no te quedará una capa de aceite en la parte superior y no se solidificará la parte de abajo.

Cómo no desperdiciar ni un gramo cuando midas algunos alimentos

Empapa una cuchara de aceite antes de medir los gramos de miel de una receta con precisión y no dejar la cuchara pringada. O un cuchillo cuando tengas que cortar queso tierno, dátiles...

Cómo fundir el queso de forma perfecta en la hamburguesa

Pon unas gotas de agua en una sartén y cubre con la tapa para que el queso de la capa superior de la hamburguesa quede super-fundido.

Cómo cortar alimentos de manera precisa

Usa hilo dental para cortar bizcochos, mantequilla... y así realizar un corte preciso y perfecto.

Cómo preparar chips de chocolate caseros

Si no encuentras chips de chocolate a tu gusto o sin azúcar, funde una tableta, colócala en una manga pastelera y haz tus chips favoritos con el chocolate que más te guste.

Cómo mantener las bolsas de lechuga por más tiempo

Coloca dos hojas de papel de cocina que absorba la humedad. La lechuga se mantendrá fresca muchos más días.

Cómo retirar el exceso de grasa de un plato

Envuelve unos cubitos de hielo en una servilleta de papel y pásala por el plato. La grasa se congela y se adhiere al papel.

Cómo conservar el papel film

Si el papel film se te enreda y te resulta difícil manipularlo, guárdalo en la nevera.

Cómo pelar huevos duros

Los huevos duros no se pelan fácilmente. Cuécelos con vinagre o bicarbonato.

Cómo rallar mozzarella

Si vas a rallar mozzarella, pon el rallador en el congelador durante 20 minutos antes. Así, el queso no se quedará pegado en él.

Cómo hervir pasta sin que se salga el agua

Cuando hierves pasta siempre se te sale el agua y te deja todo perdido... Coloca la cuchara de madera encima de la cazuela, que quede suspendida en la parte superior de esta, y no volverá a pasarte.

Cómo recuperar unas zanahorias pochas que tenías olvidadas en la nevera

Sumérgelas en agua muy fría durante dos horas.

Cómo usar fruta aún verde en una receta

¿La fruta no está suficientemente madura para una receta? Introdúcela un par de minutos en el microondas y verás la magia. Quedará mucho más dulce y fácil de manipular.

Recetas saladas

«Patatas» de boniato y «patatas» de calabacín

boniato 23 min / calabacín 1 min / Cantidad: 4 personas

sin gluten / vegana / sin azúcar / sin frutos secos / sin lactosa / sin huevo

Ingredientes

1 calabacín crudo

2 boniatos crudos

ajo en polvo*

cebolla en polvo

canela molida

orégano

pimienta negra

pimentón picante

1 cucharada de sirope de arce sin azúcar

1 cucharada de aceite de oliva virgen extra

una pizca de sal

Lava las verduras y córtalas en tiras sin quitarles la piel. Ponlas en un bol y sazona. Mezcla bien para que se repartan las especias de forma homogénea.

Cocina a 190 °C en la *airfryer*: el boniato 18 minutos y el calabacín 5.

Sirve inmediatamente. ¡Están *delicious* recién hechas!

Sustituciones y *tips*

> Prueba con otras verduras: berenjena, calabaza...

> Puedes sustituir el sirope de arce por miel o sirope de agave.

> Todas las especias son al gusto. Usa tus favoritas.

> Si no tienes *airfryer*, hornea las verduras a 190 °C, unos 40 minutos el boniato y 20 el calabacín, pero antes ponlas 3 minutos en el microondas para acelerar el proceso.

*En todas las recetas, cuando no se especifica la cantidad, quiere decir que añadimos el ingrediente «al gusto».

Valor nutricional aproximado por 100 g			
Calabacín		Boniato	
Valor energético	17 kcal	Valor energético	15 kcal
Grasa	-	Grasa	11 g
Carbohidratos	3,3 g	Carbohidratos	24 g
Proteínas	-	Proteínas	1 g

Coliflor *crunchy*

En horno, 25 min
/ en *airfryer*, 15 min/ 5 raciones

opción sin gluten / vegana
/ sin azúcar / sin frutos secos
/ sin lactosa / sin huevo

Ingredientes

500 g de coliflor cruda

3 cucharadas de aceite de oliva
virgen extra

2 cucharadas de ajo en polvo

2 cucharadas de orégano seco

1 cucharada de pimentón
picante

½ cucharada de sal

½ cucharadita de pimienta

1 cucharada de pan rallado
(opcional)

Lava la coliflor y corta los arbolitos dejándolos enteros. Colócalos en una bandeja de horno forrada con papel vegetal, riega con el aceite y masajea para que se impregne todo bien.

En un cuenco, mezcla las especias y el pan rallado y espolvorea por encima de la coliflor. Remueve con las manos para que se reparta de forma homogénea.

Hornea a 200 °C unos 15-20 minutos. Si prefieres hacerlo en *airfryer*, son 10 minutos a 200 °C. Vigila que no se queme y dale la vuelta.

Saca del horno y disfruta al momento.

Sustituciones y *tips*

> Puedes usar brócoli en vez de coliflor.

> Las especias son al gusto.

Valor nutricional aproximado por ración	
Valor energético	100 kcal
Grasa	49 g
Carbohidratos	5 g
Proteínas	2 g

Fajitas de atún

10 min / 1 fajita

opción vegana / opción sin azúcar / sin frutos secos / sin huevo

Ingredientes

1 tortilla de trigo

2 cucharadas de queso rallado

1 lata de atún

15 g de cebolla

1 cucharadita de ajo en polvo

2 cucharadas de salsa de tomate frito

½ cucharadita de orégano

1 cucharada de guacamole

30 g de pimiento rojo

30 g de pimiento verde

Esparce el queso rallado sobre la tortilla e introdúcela en el microondas 30 segundos o hasta que se funda el queso.

Escurre el atún y, en un bol, combínalo con la cebolla, el ajo, la salsa de tomate y el orégano. Reparte la mezcla sobre la tortilla con queso. Añade el guacamole y los pimientos cortados finamente en cubos por encima.

Sirve de inmediato.

Sustituciones y *tips*

> Para una versión vegana, sustituye el atún por tofu desmigado y el queso por uno vegano.

> Si la tortilla está muy blanca, antes de introducirla en el microondas, pásala por la sartén.

> Si quieres que la elaboración no contenga azúcar, asegúrate de que la salsa de tomate no lleva.

Valor nutricional aproximado por fajita	
Valor energético	424 kcal
Grasa	10 g
Carbohidratos	29 g
Proteínas	50 g

Ensalada crujiente de burrata con fresas

40 min / 2 personas

sin gluten / vegetariana / sin azúcar / sin huevo

Ingredientes para los *crackers*

6 tomates secos

60 ml de agua

40 g de anacardos crudos

50 g de harina de garbanzos

40 g de harina de almendras

40 ml de aceite de oliva virgen extra

½ cucharadita de sal

Ingredientes para la ensalada

4 fresas

50 g de rúcula

20 g de pistachos sin cáscara

1 burrata

6 hojas de hierbabuena

3 cucharadas de aceite de oliva virgen extra

Valor nutricional aproximado por ración (sin los *crackers*)	
Valor energético	424 kcal
Grasa	10 g
Carbohidratos	29 g
Proteínas	50 g

Empieza preparando los *crackers*.

Hidrata los tomates en agua caliente 10 minutos. Escurre y reserva.

En un procesador de alimentos, tritura los demás ingredientes hasta obtener una masa homogénea. Luego, trocea los tomates y añádelos.

Extiende la masa entre dos papeles vegetales dejando 1 cm de grosor. Retira el papel de arriba y, con un cuchillo, haz marcas para que después se corte más fácilmente.

Precalienta el horno a 180 °C y hornea 20 minutos o hasta que se dore. Deja enfriar y parte los *crackers* por las marcas que has hecho antes.

Guárdalos en un recipiente hermético.

Para hacer la ensalada, lava las fresas y córtalas en cuatro.

Pon la rúcula en un plato, reparte las fresas cortadas y los pistachos partidos por la mitad, trocea 3 o 4 *crackers* y espárcelos por encima.

Coloca la burrata en el centro del plato.

Tritura la hierbabuena con el aceite y riega sobre la burrata.

Sustituciones y *tips*

> Puedes añadir trocitos de aceituna o tus especias favoritas a los *crackers*.

> Si, en vez de fresas, usas frambuesas en la ensalada, ¡también queda *delicious*!

Tacos de cogollo con tofu marinado

40 min / 4 personas

opción sin gluten / vegana / opción sin azúcar / sin frutos secos / sin lactosa / sin huevo

Ingredientes

150 g de tofu

2 cucharadas de salsa tamari

½ cucharada de pimentón dulce

1 cucharada de ajo en polvo

½ cucharada de romero

½ cucharada de albahaca

1 cucharada de jengibre en polvo

200 ml de agua

2 cogollos

hierbabuena fresca al gusto para decorar

Escurre bien el tofu y córtalo en dados pequeños. Ponlo en una sartén a fuego medio junto con el resto de los ingredientes (excepto los cogollos y la hierbabuena). Ve removiendo de vez en cuando hasta que el líquido se reduzca y el tofu absorba los aromas. Deja templar unos 10 minutos.

A continuación, monta los tacos de cogollo añadiendo una cucharada de tofu marinado en cada uno.

Decora con un poco de hierbabuena picada.

Sustituciones y *tips*

> En vez de tofu, puedes usar seitán. Y si prefieres una versión no vegana, puedes utilizar pollo o algún pescado como rape o atún.

> Las especias son al gusto. Usa tus favoritas.

> Si quieres una elaboración sin gluten y sin azúcar, asegúrate de que la salsa tamari que eliges no lleva.

Valor nutricional aproximado por taco	
Valor energético	30 kcal
Grasa	2 g
Carbohidratos	1 g
Proteínas	3 g

Aros de cebolla *delicious* sin frituras

20 min / 4 personas

opción sin gluten / ovovegetariana
con opción vegana / sin azúcar
/ sin frutos secos / sin lactosa

Ingredientes

1 cebolla

1 huevo + 2 claras
  (o 2 huevos pequeños)

2 trozos de pan integral duros
  y triturados en la picadora
  (o ½ vaso de pan rallado
  sin gluten)

sal

pimienta negra

cebolla en polvo

pimentón picante

Corta la cebolla en rodajas y separa los aros sin romperlos.

Bate el huevo junto con las claras, las especias y la cebolla en polvo.

Remoja los aros en el huevo, escurre y pásalos por el pan. Introdúcelos en la *airfryer* sobre un papel vegetal. Cuece a 200 °C durante 10 minutos. A mitad de cocción, dales la vuelta para que se doren por ambos lados de manera uniforme.

¡Listos para comer!

Sustituciones y *tips*

> También puedes cocer los aros al horno o freírlos en abundante aceite.

> Para la versión sin gluten, puedes usar el fruto seco triturado que más te guste.

> Y si prefieres una opción vegana, sustituye el huevo por harina de garbanzos mezclada con un poco de agua hasta obtener una masa.

Valor nutricional aproximado por receta completa	
Valor energético	153 kcal
Grasa	4,5 g
Carbohidratos	15,7 g
Proteínas	12 g

Croquetas de setas

30 min + tiempo de reposo
/ Cantidad: 12 croquetas

vegana / sin azúcar / opción
sin frutos secos / sin lactosa
/ sin huevo

Ingredientes para la bechamel

300 ml de bebida vegetal

25 g de maicena o harina de arroz

sal

pimienta negra

nuez moscada

Ingredientes para el relleno de las croquetas

½ cebolla

2 cucharadas de aceite de oliva

185 g de setas (si no es temporada, sirven de lata)

Ingredientes para el rebozado

½ vaso de harina de avena

100 ml de aquafaba

150 g de cereales tipo *corn flakes* sin azúcar triturados

aceite para freír (opcional)

Valor nutricional aproximado por ración	
Valor energético	99 kcal
Grasa	3 g
Carbohidratos	14 g
Proteínas	2 g

Prepara la bechamel. Pon todos los ingredientes en un bol amplio de cristal y bate hasta que no queden grumos. Introduce en el microondas a máxima potencia durante 1 minuto y medio. Saca, bate de nuevo y vuelve a introducir en el microondas durante el mismo tiempo. Verás que se espesa mucho. Si la bechamel todavía está líquida, cuécela más tiempo. Después, resérvala a un lado.

Para hacer las croquetas, añade en una sartén la cebolla picada con el aceite y rehógala. Escurre las setas y añádelas. Deja cocinar unos 10 minutos, apaga el fuego y vierte la bechamel. Combina todo bien. Luego, cubre la sartén con film transparente y deja enfriar en la nevera.

Una vez fría, haz 12 porciones y dales forma de croqueta. Reboza cada una en un poco de harina de avena, luego en la aquafaba y, por último, en los cereales triturados.

Ahora solo falta cocinarlas justo antes de comer: puedes freírlas en abundante aceite de oliva caliente o en la *airfryer* a 200 °C hasta que estén doradas.

Sirve de inmediato.

Sustituciones y *tips*

> Para una versión no vegana, puedes sustituir el aquafaba por huevo.

> Si los frutos secos te producen alergia, elige una bebida vegetal que no sea de almendras, avellanas o similar.

Dip de queso feta

40 min / 4 raciones

sin gluten / vegetariana
/ sin azúcar / sin frutos secos
/ sin huevo

Ingredientes

1 bloque de queso feta

300 g de tomates cherry
de distintos colores

aceitunas verdes sin hueso

4 dientes de ajo

un chorrito de aceite de oliva
virgen extra

sal y pimienta negra

cilantro o perejil fresco

En el centro de una fuente, coloca el bloque de queso. Añade alrededor los tomates cherry previamente lavados, las aceitunas y los dientes de ajo machacados: dales un golpe seco con el lateral de un cuchillo. Aliña con aceite de oliva y salpimienta.

Introduce en el horno precalentado a 200 °C durante 30 minutos. Saca y decora con las hojas de cilantro o perejil fresco.

Sirve con pan (sin gluten), nachos... o para acompañar una pasta.

Sustituciones y *tips*

> Puedes sustituir el queso feta por queso de cabra.

> Si no quieres usar el horno, prepara esta receta en la *airfryer*: son unos 10 minutos a 200 °C.

Valor nutricional aproximado por ración	
Valor energético	176 kcal
Grasa	12,9 g
Carbohidratos	6 g
Proteínas	9 g

Nuggets de pollo

Ingredientes para los *nuggets*

2 pechugas de pollo o pavo

80 g de cereales integrales sin azúcar

½ cucharadita de pimentón picante

1 cucharada de orégano seco

sal y pimienta

2 cucharadas de parmesano rallado

2 claras de huevo
    + 2 cucharadas de agua

Ingredientes para la salsa

100 g de queso crema

50 ml de leche o nata

1 cucharada de limón

1 cucharada de mostaza antigua

1 cucharada de cebolla en polvo

orégano seco

sal y pimienta

unas gotas de endulzante (opcional)

Corta las pechugas en tiras finas.

En un bol, echa los cereales y trocéalos con las manos hasta que queden de un tamaño pequeño. Añade las especias y el parmesano, salpimienta y combina.

En otro bol, mezcla las claras de huevo con el agua.

Pasa las tiras de pollo primero por las claras y seguidamente por los cereales. Reboza y presiona con las manos para que los cereales se adhieran bien a la carne.

Pon los *nuggets* en la *airfryer* y cocina a 200 °C durante 8 minutos.

Mientras tanto, prepara la salsa. Mezcla todos los ingredientes de la lista hasta que no queden grumos. Prueba y rectifica a tu gusto.

Saca los *nuggets* de la *airfryer* y sirve junto con la salsa.

Sustituciones y *tips*

> Si prefieres una versión vegetariana, puedes usar seitán o Heura® en vez de carne, sustituir el parmesano por levadura nutricional y el queso crema por nata de coco.

> Para una opción sin azúcar, comprueba los ingredientes que contiene el queso crema y la mostaza antigua que vayas a utilizar y elige leche en vez de nata.

Valor nutricional aproximado por ración			
Valor energético	Grasa	Carbohidratos	Proteínas
195 kcal	3 g	15 g	27 g

Pan de arroz sin gluten

45 min + tiempo de reposo / 1 pan grande o 6 bollitos pequeños

sin gluten / opción vegana / opción sin azúcar / sin frutos secos / sin lactosa / sin huevo

Ingredientes

- 200 g de arroz crudo
- 5 g de levadura seca de panadero
- 15 g de miel, sirope de agave o azúcar de coco
- 20 ml de aceite de oliva virgen extra
- 140 ml de agua
- 3 g de sal
- 8 g de psyllium

Lava bien el arroz crudo bajo el grifo y escúrrelo. A continuación, pásalo a una fuente y cúbrelo de agua. Déjalo en remojo un par de horas.

Pasado este tiempo, escúrrelo bien y viértelo en el vaso de una batidora americana. Agrega el resto de los ingredientes y tritura un par de minutos. Cuando veas que se ha formado una masa brillante, densa y homogénea, ya lo tienes listo.

Pásalo a un molde rectangular engrasado con aceite o a varios moldes pequeños también engrasados. Tapa con film transparente y déjalo reposar 30 minutos en un lugar cálido.

Transcurrida la media hora, precalienta el horno a 180 °C y hornea 30 minutos en el caso del molde grande o 20 minutos en los moldes pequeños.

Con un cuchillo o tenedor, pincha el centro para asegurarte de que está cocido. Saca y deja templar.

Guárdalo bien envuelto en film transparente.

Sustituciones y *tips*

> Si nunca has hecho pan, te recomiendo que empieces por los bollitos pequeños y, cuando domines la receta, hagas el pan grande.

Valor nutricional aproximado por pan entero	
Valor energético	940 kcal
Grasa	21 g
Carbohidratos	170 g
Proteínas	13 g

Pan de ajo fácil

40 min / 2 panes alargados

opción sin gluten / vegana
/ sin azúcar / sin frutos secos
/ sin lactosa / sin huevo

Ingredientes

125 g de harina de espelta
integral

125 g de yogur vegetal

5 ml de aceite de oliva

7 g de levadura química
o impulsor

½ cucharadita de sal

Ingredientes para pintar

2 dientes de ajo

40 ml de aceite de oliva virgen
extra

perejil fresco

Con una cuchara, mezcla todos los ingredientes del pan en un bol hasta que la masa empiece a despegarse de las paredes.

A continuación, amasa ligeramente con las manos hasta formar una bola. Si está muy pegajosa, añade un poco más de harina. Tapa y deja reposar 20 minutos.

Pasado este tiempo, divide la bola en dos y estira cada una de las partes con la ayuda de un rodillo hasta dejarlas bien finas (1 cm de grosor aprox.).

Pon los panes en una fuente para horno y hornéalos a 200 °C hasta que empiecen a dorarse.

Aparte, tritura los ajos y el aceite con la batidora de mano hasta obtener un puré.

Retira los panes del horno, píntalos con la mezcla de aceite y ajo por ambos lados y vuelve a meterlos en el horno un par de minutos más.

Sácalos y déjalos enfriar antes de servir. Espolvorea perejil fresco picado por encima.

Sustituciones y *tips*

> Puedes hacer la versión sin gluten con harina de trigo sarraceno.
> Si no quieres la opción vegana, el yogur puede ser natural.

Valor nutricional aproximado por pan	
Valor energético	356 kcal
Grasa	12 g
Carbohidratos	50 g
Proteínas	9 g

Pan de garbanzo

50 min / 1 pan

sin gluten / ovovegetariana / sin azúcar / sin frutos secos / opción sin lactosa

Ingredientes

6 huevos medianos

60 ml de bebida vegetal o leche

50 ml de aceite de oliva

150 g de harina de garbanzos

10 g de levadura química

1 cucharadita de sal

½ cucharadita de orégano

½ cucharadita de cebolla en polvo

Bate bien los huevos con el aceite. Agrega todos los sólidos y combina hasta obtener una masa homogénea. Añade un poco de bebida vegetal o leche para conseguir una textura ligera.

Vierte la mezcla en un molde de *plum cake* de unos 25 cm de largo forrado con papel vegetal.

Precalienta el horno a 180 °C y hornea unos 30-35 minutos. Cuando pinches el centro con un cuchillo y este salga limpio, sácalo y déjalo enfriar antes de desmoldar.

Sustituciones y *tips*

> Usa las especias que más te gusten. A esta receta le sienta bien el ajo molido, el romero, el tomillo...

Valor nutricional aproximado por ración (salen 8 rebanadas)	
Valor energético	179,5 kcal
Grasa	10 g
Carbohidratos	11 g
Proteínas	8 g

Grisines de garbanzo

30 min + tiempo de reposo
/ 10 *grisines*

sin gluten / vegana / sin azúcar
/ sin frutos secos / sin lactosa
/ sin huevo

Ingredientes

170 g de harina de garbanzo

80 ml de agua

20 ml de aceite de oliva

5 g de levadura química

1 cucharada de sésamo negro

1 cucharada de cebolla en polvo

una pizca de sal

Mezcla todos los ingredientes hasta formar una masa. Haz una bola y envuélvela en film transparente. Déjala reposar en la nevera 30 minutos.

Transcurrido este tiempo, divide la masa en 10 partes iguales (de unos 28 g aprox.) y haz churros con cada una de ellas, como si fuese plastilina, y colócalos sobre una bandeja de horno forrada con papel vegetal.

Precaliente el horno a 180 °C y hornea durante unos 15-20 minutos o hasta que estén dorados.

Saca y deja enfriar completamente antes de guardarlos en un recipiente hermético.

Sustituciones y *tips*

> Es posible usar orégano en vez de sésamo y la cebolla puede ser crujiente.

Valor nutricional aproximado por ración	
Valor energético	74 kcal
Grasa	2,8 g
Carbohidratos	9,3 g
Proteínas	3,5 g

Boniato *deluxe*

50 min / 2 personas

sin gluten / vegana / sin azúcar / sin frutos secos / sin lactosa / sin huevo

Ingredientes

2 boniatos grandes o 3 pequeños

aceite de oliva virgen extra

sal

ajo en polvo

cebolla en polvo

orégano seco

tomillo

pimienta negra

pimentón

una pizca de canela

Lava bien los boniatos bajo el grifo con un cepillo para eliminar la arena y limpiar la piel. Ponlos en un plato, cúbrelos con film transparente y cuécelos en el microondas durante 3 minutos.

Pasado este tiempo, sácalos, córtalos en gajos y colócalos en un bol. Añade el aceite y todas las especias y mezcla con las manos para que se distribuya de manera uniforme y quede todo combinado.

Precalienta el horno a 180 °C con calor arriba y abajo. Dispón los gajos de boniato especiados en una bandeja forrada con papel vegetal y hornéalos unos 40 minutos o hasta que estén tiernos. Remueve de vez en cuando para que se cocinen de forma homogénea.

Saca y sirve al momento.

Sustituciones y *tips*

> Para hacer esta receta, puedes usar la *airfryer* en lugar del horno: en 20 minutos y a 180 °C los tendrás listos.

Valor nutricional aproximado por 100 g	
Valor energético	107 kcal
Grasa	1 g
Carbohidratos	24 g
Proteínas	1 g

Queso de Burgos casero

40 min + tiempo de reposo
/ 1 queso

sin gluten / vegetariana
/ sin azúcar / sin frutos secos / sin
huevo

Ingredientes

750 ml de leche fresca entera

250 g de yogur natural

30 ml de zumo de limón

una pizca de sal

especias al gusto

En un recipiente amplio y apto para microondas (existen recipientes específicos para ello de silicona), pon la leche y el yogur y remueve. Tapa la mezcla con film transparente e introdúcela en el microondas a máxima potencia durante 13 minutos.

Retira y agrega el zumo de limón y la sal. Remueve bien hasta que se corte, que se separe el suero. Deja reposar 30 minutos.

Transcurrido este tiempo, coloca una gasa sobre un colador y cuélalo (el suero puedes usarlo luego para hacer pan o algún bizcocho). Si quieres especiarlo, ahora es el momento de añadir las especias. Deja escurrir 10 minutos. Presiona bien la gasa con las manos para que se escurra el máximo de líquido posible.

Pon la gasa con el contenido dentro de un recipiente y presiona para darle la forma del molde al queso. Refrigera 3 horas.

Una vez frío, sácalo, voltéalo sobre un plato y corta en porciones para consumir o guárdalo bien cerrado para otra ocasión.

Sustituciones y *tips*

> Puedes hacer esta elaboración salada —con orégano, ajo en polvo, tomillo, romero— o dulce, con canela, un poco de miel o vainilla, por ejemplo.

Valor nutricional aproximado por queso	
Valor energético	613 kcal
Grasa	32 g
Carbohidratos	46 g
Proteínas	33 g

Palomitas picantes

40 min / 2 personas

sin gluten / vegana / sin azúcar / sin frutos secos / sin lactosa / sin huevo

Ingredientes

40 g de maíz crudo

2 cucharadas de aceite de oliva
    virgen extra

1 cucharada de curry en polvo

1 cucharadita de pimentón
    picante

1 cucharada de ajo en polvo

Haz las palomitas al microondas hasta que exploten todas. Sácalas y ponlas en una bandeja amplia. Riégalas con el aceite y las especias y remueve con las manos hasta que queden bien impregnadas. Pásalas a un bol ¡y a disfrutar!

Sustituciones y *tips*

> A diferencia de las palomitas industriales, estas hay que hacerlas y comerlas al momento porque, al no llevar aditivos, se remojan enseguida.

Valor nutricional aproximado por 100 g			
Valor energético	Grasa	Carbohidratos	Proteínas
393 kcal	4,6 g	75 g	12 g

Timbal de salmón y patata con manzana

20 min / 2 raciones

sin gluten / opción vegana / sin azúcar / sin frutos secos / sin lactosa / sin huevo

Ingredientes

1 patata

1 manzana

100 g de salmón ahumado

un chorrito de aceite de oliva

Ingredientes para decorar

sésamo tostado

eneldo

Lava la patata y cuécela en abundante agua o al microondas unos 10 minutos. Después, con cuidado, córtala en rodajas de 1 cm de grosor.

Aparte, corta también la manzana en rodajas lo más finas posibles.

Para montar el timbal, pon un poco de aceite en un plato, coloca encima una rodaja de patata, una de manzana y una flor de salmón. Repite el mismo paso dos veces más. Decora con el sésamo y el eneldo.

Sirve al momento.

Sustituciones y *tips*

> Para la versión vegana, puedes usar tiras de tofu marinado estilo *bacon* en vez de salmón.

Valor nutricional aproximado por ración	
Valor energético	156 kcal
Grasa	2 g
Carbohidratos	46 g
Proteínas	10 g

Minipizzas *fit*

---
40 min / 8 minipizzas

---
sin gluten / ovovegetariana
/ sin frutos secos

Ingredientes para la masa

1 huevo

100 g de claras (las claras
    de 3 huevos)

90 g de queso batido 0 % MG
    (o yogur griego)

7 g de levadura química

una pizca de sal

Ingredientes para los *toppings*

mozzarella rallada

salsa de tomate

aceitunas verdes

orégano seco

Coge el huevo y separa la clara de la yema. Incorpora esta clara al resto de las claras (los 100 g) y añade una pizca de sal. Monta a punto de nieve.

Combina la yema con el queso batido y la levadura. Vierte esta mezcla sobre las claras montadas y, con una lengua de silicona, integra haciendo movimientos suaves y envolventes de abajo arriba; procura que las claras no bajen demasiado.

Precalienta el horno a 170 °C.

En una bandeja de horno forrada con papel vegetal, pon cucharadas de la masa que acabas de preparar. Con estas cantidades, obtienes 8 cucharadas, es decir, 8 minipizzas.

Hornea durante 20 minutos. Retira, añade los *toppings* al gusto y vuelve a hornear 15 minutos más. ¡Y ya están listas para comer!

Sustituciones y *tips*

> Es mejor comerlas al momento porque, si no, se remojan.

> Si sobran, puedes tostarlas ligeramente en la tostadora o darles un golpe de horno.

> Al hornearlas, se inflan y, al sacarlas, se deshinchan. Es normal.

Valor nutricional aproximado por 100 g	
Valor energético	50 kcal
Grasa	2 g
Carbohidratos	3 g
Proteínas	4,5 g

Nachos explosivos

15 min / 4 raciones

opción sin gluten / vegetariana / sin frutos secos / sin huevo

Ingredientes para los nachos

1 plato de totopos (ver receta página 90)

100 g de mozzarella

80 g de Heura®

1 cucharada de *crème fraîche*

unas rodajas de jalapeño

Ingredientes para el guacamole

½ aguacate maduro

¼ cebolla roja

¼ tomate

1 cucharada de zumo de limón

sal y pimienta

Primero, prepara el guacamole: tritura todos los ingredientes de la lista hasta obtener una pasta.

Luego, hornea los totopos. Ponlos en un plato, espolvorea mozzarella por encima e introdúcelos en el microondas. Caliéntalos hasta que el queso se funda.

En una sartén o en el microondas, calienta también el Heura®. Después, córtalo en trocitos pequeños. Añádelo encima de los totopos con queso.

Finalmente, pon una cucharada de *crème fraîche*, una de guacamole y unas rodajas de jalapeño encima de cada nacho.

Sirve caliente.

Sustituciones y *tips*

> Para una opción no vegetariana, puedes sustituir el Heura® por pollo salteado.

Valor nutricional aproximado por ración	
Valor energético	362 kcal
Grasa	17 g
Carbohidratos	36 g
Proteínas	12 g

Pizza de garbanzo

30 min / 1 pizza

sin gluten / vegetariana
/ sin frutos secos / sin huevo

Ingredientes para la masa

100 g de harina de garbanzo

45 ml de agua

8 ml de aceite de oliva virgen
extra

sal

orégano

Ingredientes para los *toppings*

crème fraîche

burrata

mozzarella

emmental

aceitunas negras

Precalienta el horno a 180 °C.

En un bol, mezcla con las manos todos los ingredientes de la masa hasta obtener una bola.

Colócala entre dos papeles vegetales y estírala con un rodillo. Retira el papel de arriba e introdúcela en el horno. Hornea unos 10 minutos o hasta que la veas crujiente.

Sácala, añade los *toppings* y vuelve a hornearla 10 minutos más.

Disfruta al momento.

Sustituciones y *tips*

> En vez de usar aceite de oliva, también puedes probar con aceite de coco.
> Los *toppings* son al gusto.

Valor nutricional aproximado por pizza (sin los *toppings*)	
Valor energético	400 kcal
Grasa	12 g
Carbohidratos	55 g
Proteínas	20 g

Albóndigas de soja con curry

1 hora / 3 raciones
(de 4 albóndigas)

vegana / sin azúcar / sin frutos
secos / sin lactosa / sin huevo

Ingredientes para la masa

100 g de soja texturizada
(280 g una vez hidratada)

60 g de tomate triturado

2 dientes de ajo

1 cucharada de aceite de oliva
virgen extra

harina integral de tu preferencia
(opcional)

harina de avena para rebozar

Ingredientes para la salsa

400 ml de leche de coco de lata

½ cebolla

1 cucharadita de pasta de curry

1 cucharadita de curry en polvo

sal y pimienta negra

Lava la soja texturizada bajo el grifo y escúrrela muy bien.

Pica los dientes de ajo y dóralos en una sartén con una cucharada de aceite de oliva. Una vez dorados, agrega la soja bien escurrida y el tomate triturado. Saltea un par de minutos y reserva.

Tiene que quedar una especie de pasta que se pueda compactar con las manos. Si está muy líquida, o poco compacta, añade un pelín de harina de avena integral.

Deja enfriar y, una vez fría, haz 12 bolitas para formar las albóndigas.

Reboza cada albóndiga en harina de avena y luego dóralas en una sartén con un par de cucharadas de aceite de oliva. Una vez que estén doradas, retíralas.

Para preparar la salsa, pica la cebolla y dórala en una sartén con un pelín de aceite. Incorpora la pasta de curry y la leche de coco. A continuación, añade el curry en polvo, la sal y la pimienta. Déjala reducir hasta que coja consistencia.

Vierte la salsa sobre las albóndigas y sirve.

Sustituciones y *tips*

> Para la opción no vegana, si usas carne picada, mézclala con el ajo crudo y forma las albóndigas antes de cocer la carne. Después, rebózalas y dóralas en aceite.

Valor nutricional aproximado por pizza (sin los *toppings*)	
Valor energético	432 kcal
Grasa	28 g
Carbohidratos	21 g
Proteínas	19 g

Tikka tofu masala

45 min + 1 hora de macerado
/ 4 raciones

sin gluten / vegetariana con opción
vegana / sin azúcar / sin frutos
secos / sin huevo

Ingredientes

400 g de tofu firme

120 g de arroz basmati cocido

Ingredientes para el marinado

1 yogur griego

1 cucharada de masala

½ cucharadita de cúrcuma

¼ cucharadita de chile picante

1 cucharada de aceite de oliva

1 diente de ajo picado fino

1 cucharada de zumo de limón

una pizca de sal

Ingredientes para la salsa

2 cucharadas de salsa de
tomate sin azúcar

400 ml de leche de coco de lata

80 g de yogur griego

un chorrito de aceite de oliva
virgen extra

una pizca de pimentón picante

¼ cucharadita de comino molido

Escurre el tofu y córtalo a dados de unos 2 cm.

Combina todos los ingredientes del marinado, añade el tofu escurrido y mezcla para impregnarlo bien. Déjalo tapado en la nevera durante 1 hora.

Transcurrido este tiempo, sácalo de la nevera, escurre el marinado y resérvalo. Dispón el tofu en una bandeja de horno forrada con papel vegetal. Hornea a 200 °C unos 35 minutos o hasta que esté dorado.

Para hacer la salsa, pon aceite en una sartén. Añade la salsa de tomate y sofríe unos minutos. Agrega la leche de coco, el yogur, las especias y todo el sobrante del marinado. Remueve para combinar y deja cocer hasta que reduzca.

Por último, incorpora el tofu a la sartén y cocina todo junto un par de minutos.

Sirve sobre arroz basmati cocido.

Sustituciones y *tips*

> Para la versión vegana, sustituye el yogur griego por uno vegetal tipo griego.

Valor nutricional aproximado por ración (sin arroz)			
Valor energético	Grasa	Carbohidratos	Proteínas
346 kcal	29 g	7,5 g	13,5 g

Ratatouille en tarta

45 min / 6 raciones

vegetariana/ sin azúcar
/ sin frutos secos

Ingredientes

1 lámina de masa quebrada

½ calabacín

½ berenjena mediana

2 tomates

orégano

sal y pimienta

4 cucharadas de tomate
    triturado

un chorrito de aceite de oliva
    virgen extra

Estira la lámina de masa quebrada y colócala en una fuente para horno de unos 20-22 cm de diámetro. Pon papel vegetal debajo para que sea más fácil desmoldarla luego. Recorta los sobrantes.

Precalienta el horno a 200 °C.

Lava las verduras y, con la ayuda de un cuchillo bien afilado, córtalas en rodajas lo más finas posible.

Reparte el tomate triturado sobre la base de la tarta (la lámina de masa quebrada). Espolvorea el orégano por encima y salpimienta al gusto.

Coloca las rodajas de verduras alternándolas y formando un círculo por toda la base. A continuación, haz otro círculo en el centro. Salpimienta de nuevo y riega con un poco de aceite.

Hornea unos 20-25 minutos o hasta que la base esté dorada.

Retira del horno y sirve caliente.

Sustituciones y *tips*

> Si quieres una versión sin gluten y vegana, puedes hacer las verduras directamente sobre la fuente, sin la masa quebrada, y la aligerarás muchísimo.

Valor nutricional aproximado por ración	
Valor energético	140 kcal
Grasa	7,5 g
Carbohidratos	16 g
Proteínas	2,3 g

Lasaña de lentejas superrápida

20 min / 2 raciones grandes

opción sin gluten / vegetariana / sin azúcar / sin lactosa

Ingredientes

8 láminas de lasaña

1 lata de pisto o tomate frito sin azúcar de buena calidad

1 bote de lentejas cocidas

queso vegano al gusto

Lava las lentejas bajo el grifo y escúrrelas bien. Ponlas en un bol junto con la lata de pisto o tomate frito y mezcla. Si te apetece y tienes tiempo, puedes hacer un pisto casero: en una sartén, sofríe una cebolla, un calabacín y un pimiento con tomate triturado y una rodaja de zanahoria para quitarle la acidez.

Una vez mezclado, hidrata las láminas de lasaña según las indicaciones del paquete.

Pon dos láminas en un molde (el mío es un táper de cristal de 20 × 12 cm). Reparte encima ⅓ de la mezcla de lentejas y pisto. Coloca dos láminas más encima, otra parte de lentejas y pisto, dos láminas más, el resto de las lentejas y pisto y, por último, termina con las dos últimas láminas de lasaña.

Cubre con queso vegano rallado y hornea a 200 °C hasta que se dore.

Saca del horno y sirve al momento.

Sustituciones y *tips*

> En vez de pisto, también puedes usar tomate natural triturado y hacer un sofrito casero con ajo y cebolla.

> Si sigues una dieta con lactosa, puedes utilizar mozzarella o emmental.

> Y si tienes celiaquía o intolerancia al gluten, no dudes en usar láminas de lasaña sin gluten.

Valor nutricional aproximado por ración	
Valor energético	600 kcal
Grasa	13 g
Carbohidratos	90 g
Proteínas	26 g

Patatas aplastadas

30 min / 4 personas

sin gluten / vegana / sin azúcar
/ sin frutos secos / sin lactosa
/ sin huevo

Ingredientes

500 g de patatas pequeñas

aceite de oliva virgen extra

cebolla en polvo

orégano seco

pimienta negra

sésamo negro

pimentón picante

Cuece las patatas en abundante agua o en el microondas dentro de un recipiente tapado para que no se resequen.

Cuando estén tiernas, sácalas y ponlas sobre una bandeja de horno forrada con papel vegetal.

Aplasta las patatas con la base de un vaso, riégalas con aceite de oliva y espolvorea la cebolla y las especias al gusto por encima.

Hornea en la parte superior del horno durante unos 12-15 minutos a 220 °C.

Sírvelas calientes como acompañamiento o de picoteo.

Sustituciones y *tips*

> Puedes hacerlas en la *airfryer*, te quedarán supercrujientes: a 220 °C unos 6 minutos.

Valor nutricional aproximado por ración	
Valor energético	132 kcal
Grasa	4 g
Carbohidratos	24 g
Proteínas	2 g

Falafel de lentejas con mayonesa ligera

40 min / 2 personas

opción sin gluten / ovovegetariana / sin azúcar / sin frutos secos

---

Ingredientes para los faláfeles

350 g de lentejas cocidas

45 g de cebolla

1 diente de ajo

10 g de rúcula

¼ cucharadita de sal

una pizca de pimienta negra

pan rallado para rebozar

Ingredientes para la mayonesa

2 huevos cocidos

3 cucharadas de aceite de oliva

4 cucharadas de queso batido

1 cucharada de vinagre

una pizca de sal

zumo de ½ limón

Valor nutricional aproximado por ración (hecha en *airfryer*)	
Valor energético	168 kcal
Grasa	–
Carbohidratos	21 g
Proteínas	15 g

Primero, prepara la mayonesa. Con la batidora manual, tritura todos los ingredientes de la lista hasta obtener una crema homogénea. Si la quieres menos densa, añade más queso batido. Reserva.

Para hacer los faláfeles, por un lado, tritura las lentejas en una picadora y pásalas a un bol. A continuación, tritura la cebolla y el ajo y agrégalos a las lentejas. Pica la rúcula y combina todo con la sal y la pimienta hasta obtener una pasta.

Forma 10 bolitas del mismo tamaño. Si ves que te cuesta o no puedes, agrega un poco de harina de avena u otra harina similar para aglutinar.

Seguidamente, reboza cada bolita en pan rallado y cocínalas. En el horno, 20 minutos a 200 °C dándoles la vuelta a mitad de la cocción. En la *airfryer*, 15 minutos a 200 °C . Si prefieres freírlas, en abundante aceite de oliva virgen extra hasta que estén doradas.

Sustituciones y *tips*

> Si tienes celiaquía o intolerancia, puedes rebozar las bolitas con pan rallado sin gluten.

> Los faláfeles quedan igual de ricos con garbanzos cocidos en vez de lentejas.

> Para hacer la mayonesa, en lugar de vinagre, puedes usar la misma cantidad de mostaza.

Tarta de tomate

45 min + tiempo de reposo
/ 4 personas

vegana / sin azúcar / sin frutos
secos / sin lactosa / sin huevo

Ingredientes para la base

125 g de harina de trigo integral

100 ml de agua templada

7 g de levadura fresca
   (o ¼ de cucharadita de
   levadura seca de panadero)

2 cucharadas de aceite de oliva
   virgen extra

una pizca de sal

Ingredientes para el relleno

300 g de tomates cherry

1 cucharada de aceite de oliva
   virgen extra

2 dientes de ajo

orégano seco

una pizca de sal

Valor nutricional aproximado por ración	
Valor energético	214 kcal
Grasa	10 g
Carbohidratos	26 g
Proteínas	4 g

Para preparar la masa, pon el agua en un vaso y disuelve la levadura. En un bol, añade la harina y la sal e incorpora el agua con la levadura y el aceite. Agrega una pizca de sal y mezcla poco a poco con una cuchara. Después, amasa con las manos unos 10 minutos hasta tener una textura lisa con la que puedas formar una bola. Si tienes un pinche de cocina en forma de robot, él puede hacerte todo el trabajo.

Cuando tengas la bola, tápala con un trapo y deja reposar una hora.

Ahora haz el relleno. Lava bien los tomates y córtalos por la mitad. En una sartén con un poquito de aceite, dóralos junto con los ajos picados hasta que empiecen a caramelizarse ligeramente. Retira.

Por último, extiende la masa y coloca los tomates caramelizados en el centro con las mitades hacia arriba. Espolvorea un poco de orégano y sal por encima. Hornea a máxima potencia durante unos 10-12 minutos.

Saca y come al momento.

Sustituciones y *tips*

> En vez de hacerla tú, también puedes usar una masa de hojaldre, de pizza o una masa brisa.

> Es importante que la levadura sea fresca o seca de panadero, no química (la que se usa para esponjar bizcochos), porque con esta última no conseguirás un buen resultado.

> Si decides hacer minitartas, puedes cocerlas en la *airfryer* unos 8 minutos a 200 °C.

Las lentejas de mi madre

30 min / 4 personas

sin gluten / opción vegana
/ sin azúcar / sin frutos secos
/ sin lactosa / sin huevo

A esta receta no puedo añadir nada más que un «¡esto está delicious!». Gracias, mamá, por dejarme incluirla en este libro.

En una cazuela de hierro colado, pon el aceite con el chorizo cortado en rodajas y la panceta en trozos, y dales unas vueltas. Trocea pequeño la cebolla y la zanahoria e incorpóralos a la cazuela. Deja sofreír un poco y agrega los ajos cortados.

Ingredientes

2 cucharadas de aceite oliva
   virgen extra

½ litro de caldo de verduras
   o agua

½ chorizo dulce de buena
   calidad

150 g de panceta curada

½ cebolla grande

1 zanahoria

½ calabacín

2 ajos

1 cucharadita de pimentón
   de La Vera

1 hoja de laurel

5 judías peronas

400 g de lentejas cocidas

Cuando esté todo un poco sofrito, añade el pimentón y, seguidamente, cubre con el caldo y agrega la hoja de laurel.

Pasados unos 10 minutos de cocción, añade las judías limpias de hilos laterales y el calabacín bien troceado.

Transcurridos 5 minutos, incorpora las lentejas y cocina otros 5 minutos.

Esta receta está deliciosa de un día para otro.

Sustituciones y *tips*

> Si quieres la versión *veggie*, el chorizo puede ser vegano o puedes obviar la panceta, ¡pero es posible que mi madre te regañe por ello!

**Valor nutricional aproximado
por ración**

Mi madre dice que los valores
de estas lentejas son que tienen
la capacidad de curarte el alma.

One pot pasta

20 min / 3 raciones

vegetariana / sin azúcar / sin frutos secos / sin huevo

Ingredientes

2 cucharadas de mantequilla

3 dientes de ajo

1 vaso y medio de leche

2 vasos de caldo vegetal o agua

1 cucharada de gorgonzola

3 cucharadas de parmesano rallado

200 g de *bucatini* (o espaguetis)

sal y pimienta

Pon la mantequilla en una sartén amplia, y digo amplia porque la pasta tiene que caber a lo largo. Calienta la sartén a fuego medio hasta que se funda la mantequilla. Dora los ajos picados.

Seguidamente, vierte los líquidos de la receta y agrega los quesos. Remueve e incorpora la pasta (debe quedar cubierta). Deja cocer según las indicaciones del fabricante.

Salpimienta y sirve de inmediato con más queso.

Sustituciones y *tips*

> En vez de mantequilla, puedes usar aceite de oliva virgen extra.

> Y si no te gusta el gorgonzola, utiliza otro queso azul similar.

Valor nutricional aproximado por ración			
Valor energético	Grasa	Carbohidratos	Proteínas
384 kcal	11 g	56 g	14 g

Risotto con Idiazábal

30 min / 4 raciones

sin gluten / vegetariana / sin azúcar / sin frutos secos / sin huevo

Ingredientes

20 g de mantequilla

1 cebolla pequeña

1 diente de ajo

1 calabacín

aceite de oliva virgen extra

250 g de arroz Arborio

40 ml de vino blanco

1 litro de caldo vegetal

sal y pimienta

En una cazuela baja o una sartén alta, calienta la mantequilla a fuego medio.

Trocea la cebolla, el ajo y el calabacín y añádelos a la cazuela. Saltea hasta que la cebolla empiece a transparentar. Si queda un sofrito muy seco, agrega un poco de aceite.

Sube el fuego e incorpora el arroz. Dale unas vueltas. Después de un par de minutos, vierte el vino y remueve hasta que se evapore.

Seguidamente, agrega el caldo suficiente para cubrir el arroz y deja que se vaya cocinando a fuego medio. Cuando se absorba, añade más caldo hasta volver a cubrir. Sigue así, añadiendo caldo cuando se absorba hasta que lo hayas agregado todo.

En 18 minutos, el arroz estará perfecto. En este punto, salpimienta y añade el queso rallado. Remueve para combinarlo bien todo.

Sirve al momento y espolvorea más queso por encima.

Sustituciones y *tips*

> Puedes sustituir el queso Idiazábal por otro similar.

Valor nutricional aproximado por ración	
Valor energético	327 kcal
Grasa	7 g
Carbohidratos	55 g
Proteínas	7,6 g

Gofres de avena con sabor a pizza

---
30 min / 4 gofres
---
opción sin gluten / vegetariana
/ sin azúcar / sin frutos secos

Ingredientes

60 g de harina de avena

25 g de tomate frito sin azúcar

60 g de yogur griego

20 g de queso rallado

1 huevo mediano

½ cucharadita de orégano seco

½ cucharadita de levadura
química

una pizca de sal

Bate todos los ingredientes hasta obtener una mezcla homogénea.

Precalienta la gofrera y, una vez caliente, reparte una cucharada generosa en cada molde. Cierra para que se cocine de manera uniforme. Cuando esté dorado, repite el proceso hasta terminar con la masa.

Sustituciones y *tips*

> La harina también puede ser de trigo, centeno, espelta, sin gluten...

> El yogur puede ser vegetal.

> En vez del huevo, puedes mezclar lino o chía: una cucharada de semillas y 4 de agua. Deja reposar 10 minutos.

> Si no tienes gofrera, atrévete con las tortitas.

Valor nutricional aproximado por ración	
Valor energético	113 kcal
Grasa	5 g
Carbohidratos	10 g
Proteínas	5 g

Delicious Martha

bread, life & beauty from my view

Pimientos rellenos para ser un *pro*

45 min / 4 raciones

sin gluten / vegana / sin azúcar / sin frutos secos / sin lactosa / sin huevo

Ingredientes

2 pimientos pequeños (rojos o amarillos)

1 bote de garbanzos cocidos

2 dientes de ajo

½ cebolla

un chorrito de aceite de oliva virgen extra

100 g de tomate frito sin azúcar de buena calidad

cebolla en polvo

orégano seco

sal y pimienta

cayena (opcional)

Lava los pimientos y pártelos en dos. Quítales las semillas y ponlos en una fuente apta para horno. Hornéalos unos 20 minutos a 220 °C.

Lava y escurre los garbanzos cocidos.

Pica el ajo y la cebolla y dóralos en una sartén con aceite. Cuando estén dorados, agrega el tomate frito, remueve un par de minutos e incorpora los garbanzos y las especias. Salpimienta. Tapa y deja cocinar hasta que el tomate quede cremoso y el agua se haya evaporado.

Reparte el sofrito entre los pimientos ya horneados.

Sirve y disfruta.

Sustituciones y *tips*

> Puedes usar lentejas en lugar de garbanzos.

> Los pimientos pueden sustituirse por calabacín o patata, ajustando la cocción.

Valor nutricional aproximado por ración	
Valor energético	150 kcal
Grasa	5 g
Carbohidratos	17 g
Proteínas	6 g

Sopa de cebolla con huevo poché

1 h / 4 raciones

ovovegetariana / sin azúcar
/ sin frutos secos

Ingredientes para la sopa

1 diente de ajo

4 cebollas dulces

40 g de mantequilla

2 cucharadas de aceite de oliva
virgen extra

sal

pimienta negra

10 g de maicena

1 litro de caldo de verduras

Ingredientes para el acompañamiento

4 huevos

queso rallado

rebanadas de pan

vinagre

sal

Valor nutricional aproximado por ración (incluyendo el pan)	
Valor energético	324 kcal
Grasa	15 g
Carbohidratos	37 g
Proteínas	12 g

Pica el ajo muy fino y corta las cebollas en juliana. Reserva.

En una cazuela ancha, calienta la mantequilla y el aceite y, cuando se funda la mantequilla, añade la cebolla y el ajo. Salpimienta y deja cocinar lentamente hasta que se ablanden. Si ves que falta líquido, puedes añadir un poco de agua.

Pasados 20-30 minutos aprox., ya estará listo. Agrega entonces la maicena y combina bien. Cuando esté integrada, vierte el caldo y cuece unos 15 minutos. Remueve para que la maicena no se vaya al fondo de la cazuela y se pegue.

Mientras termina de hacerse la sopa, lleva un cazo con abundante agua y vinagre y sal a ebullición. Cuando arranque el hervor, remueve para formar un remolino y rompe un huevo en el centro. De este modo, conseguirás que la clara quede cerrada y no se desparrame. Cocina 5 minutos y saca con una espumadera.

Repite el mismo proceso con los otros tres huevos. Dispón un huevo poché en cada plato.

Sirve y reparte la sopa, espolvorea un poco de queso por encima y acompaña cada plato con dos rebanadas de pan tostado.

Sustituciones y *tips*

> Puedes preparar esta sopa con antelación y, en el último momento, cocer el huevo y añadirlo. Los sabores, con el paso del tiempo, se asientan y estará *delicious*.

Tortilla *fit* de berenjena, calabacín y cebolla

45 min / 1 tortilla de 6 raciones

sin gluten / ovovegetariana / sin azúcar / sin frutos secos / sin lactosa

Ingredientes

½ calabacín

½ berenjena

¼ cebolla

1 diente de ajo

2 cucharadas de aceite de oliva

5 huevos (o 4 huevos y 2 claras)

una pizca de sal y pimienta

Pica el ajo muy fino y corta las cebollas en juliana. Reserva.

Lava y pela las verduras. Lo que hago yo es pelar el calabacín y la cebolla a tiras, dejando algunas con piel y otras no, pero puedes pelarlas enteras si quieres. Corta en dados la berenjena y el calabacín y la cebolla, en juliana.

Ponlas en un plato tapado con film transparente o en un estuche de vapor y cuécelas en el microondas 5 minutos. También puedes hacerlas en la *airfryer* con el mismo tiempo.

Pela y trocea el ajo muy pequeño y dóralo en una sartén con el aceite. Añade las verduras cocidas del microondas y saltea 2 minutos.

Bate los huevos, salpiméntalos y viértelos en la sartén. Remueve para que se cuaje la parte de abajo. Cuando veas que empieza a cuajarse y los bordes se despegan, coloca un plato encima y dale la vuelta. Vuelve a ponerla en la sartén y dórala ligeramente por el otro lado.

Sirve al momento.

Sustituciones y *tips*

> Si eres amante de la tortilla tradicional, puedes hacerla de patatas de la misma forma: cociéndolas también en el microondas hasta que estén tiernas y siguiendo después los mismos pasos.

Valor nutricional aproximado por ración	
Valor energético	100 kcal
Grasa	7,5 g
Carbohidratos	2,8 g
Proteínas	5,6 g

Totopos rapidísimos con hummus cremoso

30 min / 6 raciones

sin gluten / vegetariana / sin azúcar / sin frutos secos / sin huevo

---

Ingredientes para los totopos

aceite de oliva

5 tortillas de maíz
(las de quesadillas, burritos...)

2 cucharadas de ajo en polvo

1 cucharada de cebolla en polvo

1 cucharadita de pimentón
picante

sal y pimienta negra

1 cucharada de queso parmesano
en polvo (opcional)

Ingredientes para el hummus

1 bote de garbanzos cocidos

4 cucharadas de yogur natural

1 cucharada de aceite de oliva

1 diente de ajo

sal

agua para conseguir la textura
deseada (opcional)

Para elaborar los nachos o totopos, pinta con aceite de oliva cada tortilla por ambas caras; puedes usar un pincel de silicona o aceite en espray.

Secciona cada tortilla como si fuese una tarta haciendo un corte vertical, uno horizontal y una diagonal hacia cada lado para obtener 8 triángulos. Colócalos en una bandeja de horno o en la *airfryer*.

Hornea 10 minutos a 180 °C en la parte superior del horno más cercana a la resistencia. En la *airfryer*, son 6 minutos a 200 °C.

Saca y espolvorea las especias por encima al momento. Salpimienta. Tapa con un trapo para que la humedad haga que las especias queden bien pegadas y deja que se enfríen.

Ahora prepara el hummus. Tritura todos los ingredientes en una batidora. Si está muy espeso, añade un poco de agua y sigue triturando hasta obtener una textura homogénea.

Sustituciones y *tips*

> Si no te importa que sea una receta con gluten, también puedes usar tortillas de trigo.

> Para la versión vegana, yo suelo usar un queso vegano de almendras y el yogur de coco.

Valor nutricional aproximado por ración			
Valor energético	Grasa	Carbohidratos	Proteínas
96 kcal	3 g	11,7 g	3,8 g

Ensalada exprés

15 min / 2 raciones

sin gluten / opción
vegana/ sin azúcar / sin frutos
secos / sin lactosa / sin huevo

Ingredientes

1 bote de garbanzos cocidos
de 400 g

¼ de manzana

¼ de cebolla

1 tomate pera

½ pimiento verde

¼ pimiento rojo

sal y pimienta

3 cucharadas de aceite de oliva
virgen extra

1 cucharada de mostaza antigua

un puñado de hojas de rúcula

150 g aprox. de pollo salteado

Lava bien los garbanzos y escúrrelos. Ponlos en un bol.

Corta la manzana, la cebolla, el tomate y los pimientos en cubos pequeños del mismo tamaño y añádelos al bol. Sal-pimienta.

Mezcla el aceite con la mostaza a modo de vinagreta y combina con el resto hasta que todo quede bien integrado.

Agrega la rúcula y el pollo previamente salteado en la sartén y sirve.

Sustituciones y *tips*

> Para una opción vegana, puedes usar Heura® como proteína en vez de pollo salteado.

Valor nutricional aproximado por ración	
Valor energético	438 kcal
Grasa	19 g
Carbohidratos	36 g
Proteínas	23 g

Patatas sonrientes

30 min / 10 unidades

sin gluten / vegetariana con opción vegana/ sin azúcar / sin frutos secos / sin huevo

Ingredientes

390 g de patata cruda sin piel

15 g de maicena

25 g de queso rallado tipo emmental o mozzarella

sal y pimienta

aceite de oliva virgen extra

Pela las patatas, pésalas y córtalas en trozos. Ponlas en un plato, cúbrelas con film transparente y cuécelas en el microondas hasta que estén tiernas. También puedes cocerlas en abundante agua.

A continuación, escúrrelas y tritúralas con un tenedor hasta obtener un puré.

Añade la maicena, el queso, la sal y la pimienta, y combina.

Forma 10 bolitas de unos 35 g cada una. Aplástalas formando un círculo y dibuja los ojos y la sonrisa con un palillo chino.

Colócalas sobre una bandeja de horno forrada con papel vegetal, riega con aceite y hornea a 250 °C durante 15 minutos, los primeros 10 minutos en la posición media del horno y los últimos 5 en la parte superior para que se doren ligeramente.

Sustituciones y *tips*

> Para la versión *veggie*, puedes usar queso vegano.

> Añade orégano, cebolla o ajo en polvo a la masa de patata cocida para darle un toque diferente.

> También puedes cocinar estas patatas en la *airfryer.* a 200 °C unos 10 minutos por cada lado.

Valor nutricional aproximado por unidad	
Valor energético	48 kcal
Grasa	0,7 g
Carbohidratos	9 g
Proteínas	1 g

Huevos al plato

35 min / 3 raciones

sin gluten / ovovegetariana / sin azúcar / sin frutos secos / sin lactosa

Ingredientes

3 huevos medianos

½ cebolla

1 cucharada de aceite oliva virgen extra

½ calabacín

½ pimiento verde

½ ½ pimiento rojo

½ berenjena

150 g de champiñones

400 g de tomate triturado

una pizca de sal

especias al gusto

Para preparar esta receta, pica la cebolla y ponla en la sartén con un pelín de aceite. Rehoga y añade el calabacín, el pimiento, la berenjena y los champiñones cortados pequeños. Cocina unos 10 minutos.

Agrega el tomate y baja el fuego. Deja que se cocine haciendo chup-chup hasta que el tomate coja un colorcito más oscuro. Añade sal y especias a tu gusto.

Por último, rompe los huevos y colócalos encima. Tapa la sartén hasta que se cocinen las claras.

Sirve al momento.

Sustituciones y *tips*

> Otra opción es usar una sartén apta para horno y hornear 2 minutos los huevos para que se cocinen las claras.

Valor nutricional aproximado por ración	
Valor energético	148 kcal
Grasa	7 g
Carbohidratos	12 g
Proteínas	7 g

Molinillos de espinacas a la crema

30 min / 6 unidades

vegetariana / sin huevo

Ingredientes para las espinacas a la crema

200 ml de bebida vegetal

15 g de maicena o harina de arroz

una pizca de nuez moscada

sal

pimienta

2 dientes de ajo

2 cucharadas de aceite de oliva virgen extra

200 g de espinacas

20 g de piñones

30 g de pasas

Ingredientes para montar los molinillos

1 lámina de hojaldre cuadrado

nueces partidas por la mitad

bebida vegetal

queso parmesano

Valor nutricional aproximado por ración	
Valor energético	233 kcal
Grasa	14 g
Carbohidratos	20 g
Proteínas	5 g

Mezcla la bebida vegetal, la maicena, la nuez moscada, sal y pimienta en un bol. Bate bien hasta que no haya grumos e introduce en el microondas 3 minutos a máxima potencia. Saca y bate de nuevo con unas varillas. Si la crema todavía está muy líquida, cocínala 30 segundos más en el microondas. Reserva.

En una sartén, dora los ajos previamente laminados en el aceite. Incorpora las espinacas lavadas y deja que reduzcan.

Una vez reducidas, agrega las pasas, los piñones y la crema reservada y combina bien. Deja que se enfríe.

Para hacer los molinillos, estira el hojaldre y córtalo en 6 trozos. Pon un poco de espinacas a la crema en el centro de cada uno, lleva las cuatro esquinas al medio y cubre con una nuez. Pinta con bebida vegetal y espolvorea queso por encima.

Hornea a 190 °C unos 15 minutos o hasta que se doren. En la *airfryer*, unos 8 minutos.

Sustituciones y *tips*

> Para una opción más *veggie*, puedes sustituir el parmesano por un queso vegano.

> En vez de molinillos, también podrías repartir esta elaboración en ramequines, cubrir con queso y gratinarla para tomar como primer plato.

> Para montar los molinillos, puedes cambiar la bebida vegetal por huevo.

Huevos al estilo turco

30 min / 2 raciones

ovovegetariana / sin azúcar
/ sin frutos secos

Ingredientes

250 g de yogur griego

1 diente de ajo pequeño

15 g de mantequilla

¼ cucharadita de pimentón
picante

1 cucharada de vinagre

1 huevo

un chorrito de aceite de oliva

4 hojas de menta

una pizca de sal

pan tostado para acompañar

Por un lado, mezcla el yogur con el ajo muy picado. Reparte en el fondo de un plato.

Aparte, funde la mantequilla, mézclala con el pimentón y reserva.

En un cazo, pon abundante agua a hervir con sal y añade el vinagre. Cuando hierva, remueve el agua con una cuchara para que se forme un remolino en el centro, rompe el huevo y viértelo en el centro. Mezcla rápidamente con una cuchara de madera para que la clara no se expanda y quede cerrado. Cuece unos 4-5 minutos o hasta que veas que la clara está cocida y la yema cruda.

Retira con una espumadera, escurre bien y coloca el huevo sobre el yogur. Riega con la mantequilla, un poco de aceite de oliva y la menta picada muy fina.

Acompaña con pan tostado.

Sustituciones y *tips*

> Para una opción vegana, el yogur puede ser vegetal (pero siempre cremoso), incluso hummus, y margarina en vez de mantequilla.

> El pimentón puede ser dulce en vez de picante.

Valor nutricional aproximado por ración (sin pan)	
Valor energético	553 kcal
Grasa	49 g
Carbohidratos	11 g
Proteínas	15 g

Sobrasada vegana

20 min + tiempo de refrigeración / 100 g

vegana / sin azúcar / sin frutos secos / sin lactosa / sin huevo

Ingredientes

100 g de seitán

1 diente de ajo

1 cucharadita de cebolla en polvo

1 cucharadita de perejil seco picado

1 cucharadita de pimentón picante

6 cucharadas de caldo de verdura

una pizca de sal

Desmenuza el seitán con las manos todo lo que puedas.

Tritura el ajo con un mortero o pícalo a cuchillo y mézclalo con el resto de los ingredientes hasta obtener una pasta.

Cuando esté todo bien integrado, ponlo dentro de un trozo de film transparente. Aplástalo, compacta y haz como un rulo presionando los extremos para que quede como una morcilla.

Refrigera un par de horas en la nevera, ¡y ya tienes tu sobrasada vegana lista!

Sustituciones y *tips*

> Puedes usar tofu en lugar de seitán.

Valor nutricional aproximado por 100 g			
Valor energético	Grasa	Carbohidratos	Proteínas
370 kcal	1,9 g	14 g	75 g

Paté de *shiitakes* con *crackers*

40 min / 4 raciones

vegetariana / sin azúcar / sin frutos secos / sin huevo

Ingredientes para el paté

25 g de setas *shiitake* deshidratadas

1 cebolla

2 cucharadas de aceite de oliva

sal y pimienta

60-80 ml de agua

Ingredientes para los *crackers*

45 g de harina de avena

40 g de queso mozzarella o emmental rallado

4 cucharadas de agua

sal y pimienta

Empieza preparando los *crackers*.

Mezcla el queso y la avena en un bol. Poco a poco, añade agua hasta obtener la consistencia justa para poder formar una bola. Estira con un rodillo entre dos papeles vegetales hasta que tengan 1 cm de grosor. Salpimienta al gusto.

Haz marcas con un cortapizzas de la forma que quieras y, en el horno precalentado a 180 °C, hornea unos 25 minutos o hasta que se dore. Saca, deja enfriar y trocea con las manos por los cortes hechos antes de hornear.

Ahora, para elaborar el paté, primero hidrata las setas en agua durante 30 minutos.

Pica la cebolla y saltéala en el aceite hasta que se dore. Ponla en el vaso de una batidora.

Escurre las setas y saltéalas en la misma sartén. Viértelas en el vaso junto con la cebolla. Añade sal y el agua, y tritura hasta obtener la consistencia de paté. Añade poco a poco el agua y ajusta hasta conseguir la textura deseada.

Sirve con los *crackers*.

Sustituciones y *tips*

> A mitad de cocción en el horno, yo les doy la vuelta a los *crackers*.

> Para la versión vegana, puedes sustituir el emmental o mozzarella por queso vegano, pero entonces recuerda que la receta llevará, lo más probable, frutos secos.

Valor nutricional aproximado por ración	
Valor energético	151 kcal
Grasa	10 g
Carbohidratos	9,7 g
Proteínas	5 g

Sándwich de pan keto

15 min / 1 sándwich

sin gluten / vegetariana / sin azúcar

Ingredientes

30 g de harina de almendra o almendra molida

1 huevo eco mediano

1 cucharada de leche

1 cucharadita de levadura química

1 chorrito de aceite de oliva virgen extra

orégano seco en polvo

ajo en polvo

cebolla en polvo

una pizca de sal

En un bol, mezcla todos los ingredientes hasta que no queden grumos. Vierte la mezcla en un molde cuadrado de 20 X 10 cm aprox., previamente engrasado con unas gotas de aceite de oliva.

Cocina en el microondas a máxima potencia durante 1 minuto y 30 segundos. Una vez cocido el pan, sácalo y deja templar.

Córtalo en dos y rellena el sándwich con tus ingredientes favoritos. Cierra ¡y disfruta!

Sustituciones y *tips*

> La leche puede ser agua o bebida vegetal para una versión sin lactosa.

> No cambies la harina ni el huevo.

> Especias al gusto.

Valor nutricional aproximado por sándwich	
Valor energético	253 kcal
Grasa	17 g
Carbohidratos	2 g
Proteínas	19,4 g

Canelones de atún facilísimos

25 min / 14 canelones

vegetariana con opción vegana
/ sin azúcar / sin frutos secos
/ sin lactosa / sin huevo

Ingredientes

14 placas para canelones

170 g de bonito escurrido

190 g de tomate frito sin azúcar
de buena calidad

20 g de aceitunas sin hueso
troceadas

40 g de cebolla dulce

perejil fresco

orégano

semillas de sésamo

sal y pimienta

Prepara las placas según las indicaciones del paquete y reserva.

Mezcla el bonito con el tomate, las aceitunas, la cebolla picada finamente, el perejil picado y las especias. Salpimienta. Combina hasta obtener una masa con la que rellenar cada placa.

Pon una pequeña cantidad de masa en el borde de cada placa de canelón y enróllala sobre sí misma hasta dejarla cerrada formando un cilindro.

Coloca los canelones en una fuente y sirve con más tomate por encima y semillas de sésamo.

Sustituciones y *tips*

> Para una versión vegana, sustituye el bonito por seitán picado fino.

Valor nutricional aproximado por canelón	
Valor energético	60 kcal
Grasa	1,5 g
Carbohidratos	7,6 g
Proteínas	3 g

Bruschetta de pesto de avellanas

15 min / 2 *bruschettas*

vegetariana / sin azúcar / sin huevo

Ingredientes

1 panecillo integral con cereales

queso rallado al gusto

Ingredientes para el pesto de avellanas

50 g de avellanas tostadas

30 g de queso parmesano

30 g de aceite de oliva virgen extra

1 puñado grande de albahaca fresca

agua

Para preparar el pesto, tritura todos los ingredientes de la lista en una batidora. Añade agua en función del espesor que necesites para la mezcla: tiene que quedar densa, pero suficientemente líquida como para poder untar en pan.

Abre el pan y tuéstalo. Extiende una capa generosa de pesto en cada rebanada. Cubre con el queso rallado de tu elección.

Antes de servir, dora la *bruschetta* en la opción grill del horno unos minutos o en la *airfryer* 4 minutos a 180 °C.

Sirve al momento.

Sustituciones y *tips*

> El queso rallado puede ser vegano.

> Si quieres, sustituye el pesto por otra salsa. Si usas tomate frito y orégano, el sabor te recordará al de la pizza.

Valor nutricional aproximado por *bruschetta*	
Valor energético	146 kcal
Grasa	8 g
Carbohidratos	13 g
Proteínas	5 g

Gofu (o tofu de garbanzos) con *teriyaki*

10 min + tiempo de reposo
/ 4 raciones

vegana / sin frutos secos
/ sin lactosa / sin huevo

Ingredientes

125 g de harina de garbanzo

1 cucharada de ajo

1 cucharada de cebolla en polvo

½ cucharadita de sal

¼ cucharadita de pimentón
dulce y picante

una pizca de comino

750 ml de agua

Ingredientes para servir

2 cucharadas de salsa *teriyaki*
(o salsa de soja)

1 cucharada de sésamo

Mezcla la harina con las especias y la sal. Añade 250 ml de agua y combina hasta que no haya grumos.

En un cazo, calienta los 500 ml de agua restantes a fuego fuerte. Cuando hierva, añade la pasta de garbanzos. Apaga el fuego y no dejes de mezclar para evitar que se formen grumos mientras espesa. Remueve un par de minutos más y vierte en un molde de 15 × 10 cm previamente forrado con film transparente. Tapa con el mismo film y deja templar a temperatura ambiente.

Una vez templado, refrigera 4 horas mínimo (mejor si es toda la noche). Luego, desmolda y corta a tu gusto.

Sustituciones y *tips*

> ¿Cómo lo sirvo yo? Lo corto en dados y lo pongo en una sartén con *teriyaki* y sésamo. Saltea a fuego fuerte un par de minutos, y listo.

Valor nutricional aproximado por ración	
Valor energético	104 kcal
Grasa	1,5 g
Carbohidratos	17 g
Proteínas	6,4 g

Rollitos de cheddar en *airfryer*

15 min / 8 rollitos

ovovegetariana / sin azúcar / sin frutos secos / opción sin huevo

Ingredientes

8 rebanadas de pan de molde integral

salsa de mostaza

8 lonchas de queso cheddar u otro fundente como emmental o mozzarella

1 huevo

especias a tu gusto

Corta los bordes del pan de molde y guárdalos para otra receta (por ejemplo, puedes picarlos y así tienes pan rallado para las croquetas).

Pasa el rodillo sobre las rebanadas para dejarlas muy finas. Pinta una cara con mostaza y pon una loncha de queso encima. Enróllalas sobre sí mismas hasta formar un cilindro. Déjalas con el borde que cierra hacia abajo para que el mismo peso las mantenga cerradas.

Moja en el huevo batido y cuece 5 minutos en la *airfryer* a 180 °C o hasta que los rollitos estén dorados.

Sirve los rollitos calientes espolvoreando tus especias favoritas por encima: yo le pongo un pelín de chili picante y sirope de arce sin azúcar.

Sustituciones y *tips*

> Asegúrate de que el queso no esté frío de nevera o te costará mucho enrollarlo.

> Si no quieres usar huevo, mezcla una cucharada de harina de garbanzos con dos de agua

> La mostaza puede ser pesto, ¡también queda *delicious*!

> Si no tienes *airfryer*, en la sartén quedan geniales.

Valor nutricional aproximado por rollito	
Valor energético	144 kcal
Grasa	6 g
Carbohidratos	12 g
Proteínas	8 g

Crêpes de espinacas

Ingredientes para la masa

2 huevos

1 cucharada de aceite de oliva

70 g de harina de avena

35 g de espinacas frescas

½ cucharadita de orégano seco

1 cucharadita de ajo en polvo

100 ml de caldo verduras

una pizca de sal

Ingredientes para el relleno

guacamole (o la salsa que prefieras), pollo mechado, atún...

En el vaso de una batidora, tritura todos los ingredientes de la masa.

Calienta una sartén y engrásala. Vierte una pequeña cantidad de masa y extiéndela por toda la sartén para que quede una capa bien fina. Cocina hasta que se despeguen los laterales, dale la vuelta con cuidado y cocina 15 segundos más.

Retira a un plato y repite con el resto de la masa. Con estas cantidades y una sartén de 20 cm de diámetro salen 6 crêpes.

Coge cada crêpe, úntala de guacamole y reparte el pollo mechado o el atún... y enróllala sobre sí misma.

Sirve.

Sustituciones y *tips*

> Puedes usar la harina integral que prefieras y las especias son al gusto.

> El caldo de verduras puede ser agua, leche o bebida vegetal.

Valor nutricional aproximado por crêpe	
Valor energético	64 kcal
Grasa	2 g
Carbohidratos	7 g
Proteínas	3 g

Recetas dulces

Mugcake de chocolate

5 min / 1 taza

opción sin gluten / vegana / sin azúcar / sin frutos secos / sin lactosa / sin huevo

Ingredientes

30 g de harina de avena

½ plátano (unos 50 g)

10 g de cacao

15 g de eritritol

30 ml de bebida vegetal

10 ml de aceite de oliva

5 g de levadura

Mezcla todos los ingredientes en una taza hasta que no haya grumos. Introduce la taza en el microondas durante 1 minuto. Saca, deja templar un par de minutos y disfruta.

Sustituciones y *tips*

> El eritritol equivale a 10 g de azúcar o a 1 dátil.

> Para una versión no vegana, sustituye el plátano por 1 huevo y la bebida vegetal por leche.

> La harina de avena también puede ser de trigo, de espelta... o una harina sin gluten.

> Puedes sustituir el aceite de oliva por mantequilla, aceite de coco, margarina o mantequilla de un fruto seco.

> Ten en cuenta que, dependiendo de la leche vegetal que uses, la receta sí llevará frutos secos.

Valor nutricional aproximado por ración	
Valor energético	296 kcal
Grasa	14,5 g
Carbohidratos	32,2 g
Proteínas	7,5 g

Tortitas con manzana

15 min / 1 ración

ovovegetariana con opción vegana
/ sin azúcar / sin frutos secos

Ingredientes

50 g de harina de avena
   con sabor a vainilla

50 ml de leche

5 g de cacao puro

1 huevo

½ manzana

Mezcla todos los ingredientes, excepto la manzana, en el vaso de una batidora hasta obtener una masa homogénea y sin grumos.

Lava la manzana y córtala en rodajas de 0,5 cm de grosor.

Pon a calentar una sartén a fuego medio. Si no es antiadherente, engrásala con aceite.

Añade una rodaja de manzana a la sartén y pon dos cucharadas de masa encima cubriéndola completamente. Deja que se cocine un par de minutos y dale la vuelta. Cuece 2 minutos más por el otro lado. Retira y coloca en un plato. Repite el mismo procedimiento con el resto de las rodajas y masa.

Sirve las tortitas calientes.

Sustituciones y *tips*

> Si no tienes alergia, puedes servir las tortitas con un poco de mantequilla de frutos secos o chocolate fundido. ¡*Delicious*!

> Si no usas harina con sabor, añade endulzante a tu gusto.

> Puedes sustituir el huevo por un plátano triturado y la leche por una bebida vegetal si prefieres una versión vegana.

Valor nutricional aproximado por ración	
Valor energético	338 kcal
Grasa	9 g
Carbohidratos	46 g
Proteínas	16 g

Bizcocho de vainilla y piña

20 min + tiempo de cocción / 9 raciones

ovovegetariana / sin azúcar / sin frutos secos / sin lactosa

molde de 20 × 20 cm (mejor si es de silicona y no desmontable)

Ingredientes

2 huevos

200 g de claras

100 g de eritritol

30 ml de aceite virgen extra

100 ml de bebida vegetal

100 g de harina de avena

7 g de levadura química

4 rodajas de piña natural

1 vaina de vainilla

una pizca de canela

Coge los huevos y separa las claras de las yemas. Monta las claras a punto de nieve. Reserva.

Bate las yemas con el eritritol hasta que espumen. Agrega el aceite, la bebida vegetal, el interior de la vaina de vainilla y la canela y bate de nuevo.

Añade la harina y la levadura tamizadas e integra hasta que no haya grumos.

Por último, y con la ayuda de una espátula de silicona, incorpora las claras reservadas a la masa haciendo movimientos suaves y envolventes de abajo arriba para que bajen lo menos posible.

Coloca las rodajas de piña en la base del molde. Vierte la masa y hornea a 180 °C unos 45 minutos. Antes de retirarlo del horno, pincha el centro con un cuchillo y, si sale limpio, es que el bizcocho ya está cocido.

Sácalo, deja templar y voltea sobre un plato.

Sustituciones y *tips*

> Decora con miel o sirope y un poco de canela.

> Si no lo vas a consumir de inmediato, guárdalo refrigerado.

Valor nutricional aproximado por ración	
Valor energético	112 kcal
Grasa	5 g
Carbohidratos	9 g
Proteínas	5 g

Dónuts® bombón

30 min / 9 dónuts®

vegana / sin azúcar / sin lactosa / sin huevo

Ingredientes

150 g de yogur vegetal de anacardos a temperatura ambiente

1 cucharada de esencia de vainilla

100 g de eritritol

50 ml de aceite de coco

70 ml de agua

140 g de harina de avena

30 g de harina de almendra

7 g de levadura química

60 g de cacao + 135 ml de agua

Ingrediente para la cobertura

100 g aprox. de chocolate negro fundido

Mezcla el yogur con la vainilla y el eritritol. Asegúrate de que el yogur esté a temperatura ambiente.

Añade el aceite de coco y el agua y combina. Cuando estén integrados, tamiza las harinas y la levadura, incorpóralas y mezcla bien hasta obtener una crema homogénea.

Aparte, mezcla el cacao con los 135 ml de agua hasta obtener un sirope. Agrégalo a la crema anterior y combina hasta conseguir una masa homogénea.

Reparte la masa en moldes de dónuts® sin llegar a llenarlos hasta arriba y hornea en el horno previamente precalentado a 180 °C durante 22 minutos. Saca, deja enfriar y desmolda.

Para la cobertura, funde el chocolate en el microondas a intervalos cortos de tiempo hasta que esté completamente derretido.

Baña los dónuts® en el chocolate fundido y deja enfriar.

Sustituciones y *tips*

> Si el chocolate para la cobertura no es muy fluido, derrítelo y añade una cucharada de aceite de coco.

> Puedes usar solo harina de avena, de trigo integral o similar para toda la receta.

> El eritritol puede sustituirse por 150 g de dátiles triturados (pasta de dátiles).

> Puedes utilizar otro yogur vegetal cremoso o, incluso, uno natural griego si no te importa que la receta no sea vegana.

> Y también puedes cambiar el aceite de coco por mantequilla.

> Cocción en microondas: 3 minutos.

Valor nutricional aproximado por ración	
Valor energético	166 kcal
Grasa	9 g
Carbohidratos	13 g
Proteínas	4,4 g

Soufflé de chocolate en *airfryer*

10 min / 4 raciones

4 ramequines de 10 cm de diámetro

sin gluten / ovovegetariana / sin azúcar / sin frutos secos

Ingredientes

4 huevos medianos
    a temperatura ambiente

110 g de chocolate negro

60 g de mantequilla

45 g de eritritol

1 cucharada de vainilla

20 g de cacao puro en polvo

Separa las claras de las yemas y monta las claras a punto de nieve. Reserva.

En un bol, pon el chocolate negro junto con la mantequilla y fúndelo en el microondas a intervalos cortos de tiempo. También puedes hacerlo al baño maría.

En otro bol, bate las yemas con el eritritol y la vainilla hasta que blanqueen. Agrega el cacao tamizándolo y bate de nuevo hasta que se integre.

Una vez integrado el cacao, añade el chocolate fundido con mucho cuidado: en forma de hilo, poco a poco, mientras remueves al mismo tiempo para que se integre de manera uniforme.

Ahora, incorpora una cucharada de las claras montadas a la mezcla y bate sin mucho cuidado. Cuando se haya integrado, agrega otra parte más generosa y remueve con más cuidado: con una lengua de silicona y haciendo movimientos suaves y envolventes de abajo arriba. Repite el mismo proceso hasta terminar con todas las claras.

Engrasa los ramequines con mantequilla y espolvorea un poco de cacao. Rellénalos con la masa.

Precalienta la *airfryer* a 200 °C durante 5 minutos.

Pon los ramequines (quizá no quepan todos de golpe) y cocina durante 5 minutos a 200 °C.

Valor nutricional aproximado por ración	
Valor energético	294 kcal
Grasa	27 g
Carbohidratos	6 g
Proteínas	5,5 g

Sustituciones y *tips*

> Puedes sustituir la mantequilla por margarina o ghee.

> Esta receta también se puede elaborar sin *airfryer*: introduce los ramequines en el horno 15 minutos a 200 °C con calor arriba y abajo.

Auténtica *panna cotta* italiana

15 min + tiempo de reposo
/ 3-4 raciones

sin gluten / sin azúcar / sin frutos
secos / sin huevo

Ingredientes

2 láminas de gelatina de 2 g
   cada una

260 g de nata 35 % MG

40 g de eritritol

150 g de leche entera
   (mejor si es fresca)

1 vaina de vainilla

Hidrata la gelatina en agua muy fría durante 5 minutos.

En un cazo, vierte la nata, el eritritol y la leche. Abre la vaina de vainilla, raspa las semillas del interior con la punta de un cuchillo y agrégalas al cazo.

Remueve a fuego medio y, cuando rompa el hervor, apaga el fuego.

Escurre bien la gelatina que estaba en agua y disuélvela en el líquido caliente. Deja reposar y remueve de vez en cuando.

Una vez que alcance temperatura ambiente, reparte la mezcla en 3 o 4 vasitos tipo flaneras (según el tamaño de los vasitos) y refrigera durante 4 horas mínimo.

Sustituciones y *tips*

> Antes de servir, puedes desmoldar con cuidado sobre un plato y decorar con fruta fresca, mermelada, compota...

> Para una versión más *veggie*, sustituye la nata por la parte sólida de una lata de leche de coco y la leche por bebida vegetal.

> La gelatina equivale a 0,5 g de agar-agar y el eritritol, a dos dátiles medjoul o a 30 g de azúcar.

Valor nutricional aproximado por ración	
Valor energético	241 kcal
Grasa	24 g
Carbohidratos	3,5 g
Proteínas	2,5 g

Flan de chocolate (o de lo que tú quieras) proteico

20 min + tiempo de cocción / 8 raciones

molde de 16 cm de diámetro no desmontable

sin gluten / ovovegetariana / sin azúcar / sin frutos secos / sin lactosa

Ingredientes

4 huevos medianos

450 ml de bebida vegetal

30 g de proteína de chocolate

1 cucharada de esencia de vainilla

Introduce una fuente con dos dedos de agua en el horno donde quepa el molde que vas a usar para el flan y enciéndelo a 180 °C.

En un bol, bate los huevos enérgicamente. Cuando estén bien batidos, añade la bebida vegetal y la proteína y, a continuación, la vainilla.

Una vez que esté todo completamente mezclado, vierte en el molde donde vas a hacer el flan y tapa con papel de aluminio.

Mete el molde en el horno dentro del recipiente con agua, para así cocerlo al baño maría, durante 1 hora.

Retira, deja templar unos minutos e introduce en la nevera hasta que se enfríe.

Una vez reposado, saca el flan y voltéalo sobre un plato para servir.

Sustituciones y *tips*

> Puedes decorar el flan con sirope sin azúcar.

> La proteína puede ser a tu gusto; de este modo, tienes un flan de lo que más te apetece en cada momento: vainilla, tiramisú, *banoffee*, fresa, chocolate blanco...

> En el caso de no usar proteína, te recomiendo que añadas una cucharada de esencia de vainilla o la ralladura de un limón o una naranja para aportar aroma y que lo endulces a tu gusto.

> La bebida vegetal puede sustituirse por leche.

Valor nutricional aproximado por rollito	
Valor energético	61,8 kcal
Grasa	3,7 g
Carbohidratos	0,2 g
Proteínas	6,4 g

Pastas de té

20 min / 20 galletas

vegetariana / sin azúcar / sin frutos secos / sin huevo

Ingredientes

50 g de harina de avena

50 g de maicena

100 g de pasta de dátiles o
    dátiles sin hueso triturados

50 g de mantequilla

chocolate negro para decorar

En un bol, mezcla todos los ingredientes (excepto el chocolate) hasta que puedas formar una bola con la masa.

Estírala entre dos papeles vegetales hasta obtener una plancha de 1 cm de grosor aprox. Córtala en círculos con un cortapastas. Retira la masa sobrante, júntala de nuevo, estírala otra vez y corta círculos hasta terminar con toda la masa.

Pon las galletas en una bandeja de horno sobre el mismo papel vegetal y hornea 10 minutos a 180 °C. Sácalas cuando estén doradas y déjalas enfriar.

Funde el chocolate negro y decora las galletas. Guárdalas en un recipiente hermético.

Sustituciones y *tips*

> Yo suelo usar harina de avena con sabor vainilla, pero puede ser neutra.

> Puedes sustituir la mantequilla por margarina o aceite de coco para una versión vegana.

Valor nutricional aproximado por ración (sin chocolate)			
Valor energético	Grasa	Carbohidratos	Proteínas
51 kcal	2,2 g	7 g	0,4 g

Brazo Suchard®

45 min / 1 brazo de unos 12 cortes

ovovegetariana

Ingredientes para el bizcocho

4 huevos

50 g de eritritol

1 cucharada de vainilla

100 g de harina de avena

1 cucharadita de levadura
   química

Ingredientes para el relleno

50 g de chocolate blanco
   sin azúcar

200 g de mascarpone

200 g de yogur griego

25 g de cacao puro

endulzante al gusto

Ingrediente para la cobertura

1 tableta de turrón Suchard®

Prepara primero el bizcocho. Separa las claras de las yemas. Bate las claras a punto de nieve y reserva. Bate las yemas con el eritritol hasta que espumen, agrega la vainilla y mezcla bien.

Ahora, de forma alternada, incorpora a las yemas, por un lado, la harina y la levadura tamizadas y, por otro, las claras. Empieza agregando una cucharada de harina con levadura y combina. Seguidamente, añade ⅓ de las claras montadas e integra con una espátula haciendo movimientos suaves y envolventes. Añade otra vez harina con levadura, sigue con otro tercio de las claras, la harina de nuevo y termina con las claras. Es decir, divide cada mezcla en tres veces.

Una vez que no haya grumos, vierte con cuidado la mezcla sobre una bandeja de horno forrada con papel vegetal. Extiéndela bien hasta que quede una fina capa que cubra toda la superficie.

En el horno precalentado a 180 °C, hornea la masa durante 11-12 minutos o hasta que esté dorada.

Sácala, cúbrela con papel vegetal y enróllala sobre sí misma por la parte más larga para que quede un churro de igual largo que la bandeja. Tápala con un trapo para que conserve la humedad y déjala enfriar.

Para preparar el relleno, funde el chocolate blanco y déjalo templar. Mezcla el queso y el yogur a temperatura ambiente (es importante que estén templados porque, si no, se hará una pasta) junto con el cacao. Agrega el endulzante y, finalmente, el chocolate fundido. Combina.

Cuando la masa del bizcocho esté fría, ábrela y unta el relleno sobre toda la plancha dejando unos 4 cm sin relleno para que, al cerrar, no se salga.

Enrolla de nuevo la masa sobre sí misma hasta formar el brazo y presiona bien el cierre. Quita el relleno que haya podido salirse. Guarda en la nevera envuelto en papel vegetal.

Por último, para hacer la cobertura, funde en el microondas la tableta de turrón troceada procurando que no se queme. Vierte sobre el brazo y reparte bien. Introduce en la nevera para que se solidifique.

Sustituciones y *tips*

> Para endulzar el relleno, yo utilizo unas gotitas de sucralosa líquida, pero puedes usar 80 g de eritritol.

> Espolvorea un poco de proteína de vainilla antes de servir.

Valor nutricional aproximado por ración (corte)			
Valor energético	Grasa	Carbohidratos	Proteínas
291 kcal	20 g	19 g	7 g

French toasts

15 min / 3 raciones

sin gluten / ovovegetariana / sin azúcar

Ingredientes

2 dátiles medjoul

1 cucharadita de esencia de vainilla

200 ml de bebida de almendras

1 cucharadita de canela

una pizca de cardamomo

una pizca de sal

6 rebanadas de pan integral sin gluten

2 huevos medianos

aceite para pincelar la sartén

Ingredientes para acompañar

fruta al gusto

chocolate fundido al gusto

sirope sin azúcar o de agave al gusto

Deshuesa los dátiles y tritúralos en la batidora junto con la vainilla, la bebida vegetal, la canela, el cardamomo y la sal.

Pasa la mezcla a un plato hondo y vierte los huevos. Bate bien hasta que esté todo integrado.

Coge las rebanadas, pincha las migas con un tenedor y empápalas bien en la mezcla que acabas de preparar. Dales la vuelta hasta que absorban el líquido y queden bien mojadas.

Calienta una sartén grande y píntala con un poco de aceite. Coloca las rebanadas que quepan y sin que se toquen entre ellas. Deja tostar por un lado, dales la vuelta y dóralas por el otro. Saca y acompaña con los ingredientes que más te apetezcan.

Se sirven templadas o calientes.

Sustituciones y *tips*

> Para la versión vegana, sustituye los huevos por dos cucharadas de semillas de lino o chía y tritúralas junto con el resto de los ingredientes.

> Si quieres una receta sin lactosa, asegúrate de que el chocolate es del 85 % mínimo.

> Para esta receta suelo usar rebanadas de pan de semillas del día anterior.

> La bebida de almendras puede sustituirse por otra vegetal o leche.

> Los dátiles medjoul equivalen a unos 30 g de eritritol o azúcar.

Valor nutricional aproximado por ración	
Valor energético	240 kcal
Grasa	5 g
Carbohidratos	37 g
Proteínas	9 g

Pudding de avena o *baked oats*

10 min + tiempo de reposo
/ 1 ración

vegana / sin azúcar / sin lactosa
/ sin huevo

Ingredientes

35 g de copos de avena

140 ml de bebida vegetal

una pizca de canela

1 cucharada de mantequilla
de avellanas o almendras

endulzante al gusto (opcional)

Ingredientes para la cobertura

1 cucharada de chocolate negro
fundido

1 cucharada de *peanut butter*

En un recipiente apto para microondas, combina los copos de avena, la bebida vegetal, la canela y la mantequilla. Prueba y, si lo consideras, añade algún endulzante. Según la bebida vegetal que utilices, quizá no necesites más dulzor.

Introduce en el microondas a máxima potencia 3 veces durante 30 segundos. Es decir, un total de un minuto y medio, pero sacando el recipiente cada 30 segundos y removiendo la mezcla para vigilar que no se salga en la cocción.

Una vez lista y con una textura cremosa, tapa y deja templar.

Finalmente, cubre con una mezcla de chocolate y *peanut butter* y mete en la nevera durante 4 horas o, mejor, de un día para otro.

Sustituciones y *tips*

> Puedes usar la bebida vegetal que más te guste.

> Omite la mantequilla de frutos secos en caso de alergia.

> Puedes cocerlo en *airfryer* unos 7 minutos a 200 °C.

Valor nutricional aproximado por ración	
Valor energético	309 kcal
Grasa	17 g
Carbohidratos	24 g
Proteínas	10 g

Tarta rápida de manzana con crema

30 min / 6 raciones

molde de 20 o 22 cm de diámetro

ovovegetariana / sin frutos secos

Ingredientes

1 masa quebrada

50 g de eritritol

1 yema de huevo mediano

250 ml de bebida vegetal

1 cucharada de vainilla

20 g de maicena

1 manzana

canela al gusto

Estira la masa quebrada, espolvorea dos cucharadas de eritritol sobre ella y pasa el rodillo para que quede integrado.

Coloca la masa en el molde, presiona para que coja la forma y recorta los bordes. Pínchala con un tenedor para que no suba.

En el horno precalentado a 200 °C, hornéala durante 10 minutos.

Mientras tanto, en un recipiente apto para microondas, bate la yema con la bebida vegetal, el endulzante, la vainilla y la maicena. Introduce en el microondas a 800 W durante un minuto y medio. Saca, bate bien e introduce nuevamente el mismo tiempo. Saca y bate otra vez. Seguramente la crema ya habrá espesado. Si no, repite el proceso.

Una vez que la masa esté horneada, sácala del horno y vierte la crema dentro.

Lava la manzana, córtala en gajos finos y repártela por la superficie.

Hornea la tarta de nuevo durante 15 minutos. Saca, deja enfriar y refrigera un mínimo de 2 horas.

Antes de servir, espolvorea un poco de canela por encima.

Sustituciones y *tips*

> Puedes sustituir el eritritol por 80 g de pasta de dátiles.

Valor nutricional aproximado por ración	
Valor energético	198 kcal
Grasa	9 g
Carbohidratos	25 g
Proteínas	3 g

Bizcochito relleno

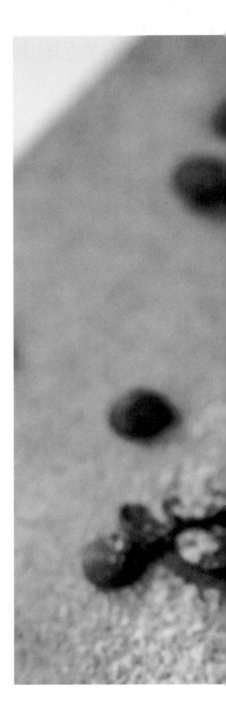

5 min / 2 bizcochitos	
ramequines de 8 cm de diámetro	
ovovegetariana / sin azúcar / sin frutos secos	

Ingredientes

1 huevo mediano

20 g de harina de avena

20 g de eritritol

2 g de levadura

15 g de mantequilla o ghee

2 onzas de chocolate negro

1 cucharadita de vainilla

Bate todos los ingredientes juntos, excepto las onzas de chocolate, y reparte la mezcla entre dos ramequines. Parece poca cantidad, pero sube bastante.

Coloca una onza dentro de cada ramequín e introdúcelos en el microondas a máxima potencia durante un minuto.

Saca y sirve de inmediato.

Sustituciones y *tips*

> A la hora de servir, puedes espolvorear el bizcocho con proteína de vainilla.

> Puedes cocerlo en *airfryer* 5 minutos a 180 ºC.

Valor nutricional aproximado por ración			
Valor energético	Grasa	Carbohidratos	Proteínas
188 kcal	14 g	8 g	5 g

Yogurt bark con plátano

10 min + 2 h de congelación
/ 1 tableta

bandeja de 12 × 10 cm apta
para congelador

sin gluten / vegetariana
/ sin huevo

Ingredientes

2 plátanos pequeños

300 g de yogur de coco

2 cucharadas de proteína
de vainilla

2 cucharaditas de mantequilla
de cacahuete

2 cucharaditas de crema de
chocolate

bolitas de arroz inflado
con cacao

Tritura uno de los plátanos con un tenedor, combínalo con el yogur y la proteína de vainilla y extiende la mezcla en la bandeja.

Riega la mezcla con la mantequilla de cacahuete y la crema de chocolate formando hilos. Corta el otro plátano en rodajas y repártelo por encima.

Por último, espolvorea las bolitas de arroz inflado y congela unas 2 horas.

Sustituciones y *tips*

> El yogur puede ser natural, pero mejor que sea cremoso tipo griego.
> Si no tienes proteína de vainilla, puedes endulzar con un poquito de sirope, miel o dátil.
> Puedes usar los *toppings* que más te gusten.
> El plátano se podría sustituir por manzana rallada.
> Guarda siempre la tableta en el congelador.

Valor nutricional aproximado por tableta	
Valor energético	607 kcal
Grasa	23 g
Carbohidratos	47 g
Proteínas	51 g

Trufas de frambuesa

15 min/ 12 trufas

sin gluten / vegana / sin azúcar / sin lactosa / sin huevo

Ingredientes

100 g de frambuesas frescas o congeladas

50 g de cacao puro

60 g de harina de almendras

1 dátil medjoul

cacao extra para rebozar

Si las frambuesas están congeladas, déjalas descongelar a temperatura ambiente. Luego, tritúralas con un tenedor hasta convertirlas en puré. Añade el resto de los ingredientes, excepto el extra de cacao, y mezcla hasta obtener una masa manejable.

Haz 12 bolitas dándoles forma con las palmas de las manos y rebózalas en cacao.

Guárdalas siempre refrigeradas hasta el momento de consumir.

Sustituciones y *tips*

> Puedes sustituir el dátil por 20 g de eritritol o ¼ cucharadita de estevia.

Valor nutricional aproximado por trufa	
Valor energético	51 kcal
Grasa	3 g
Carbohidratos	2 g
Proteínas	2,5 g

Brownie de plátano con *frosting*

30 min / 9 raciones

molde de 16 × 16 cm

ovovegetariana

Ingredientes

1 huevo mediano

125 g de plátano

1 cucharada de vainilla

100 g de eritritol

100 g de ghee

100 g de harina de avena

Ingredientes para el *frosting*

100 g de queso crema *light*

30 g de *peanut butter*

20 g de sirope sin azúcar

Con una batidora de mano, tritura el huevo, el plátano y la vainilla hasta obtener una crema.

En un bol, bate el eritritol con el ghee fundido. Agrega la crema de plátano y combínalo todo bien. Añade la harina e integra hasta que no haya grumos.

Vierte en el molde y, en el horno precalentado a 180 °C, hornea durante 25 minutos.

Prepara el *frosting* mezclando todos los ingredientes de la lista.

Cuando el brownie esté cocido, sácalo del horno, déjalo enfriar y decóralo con el *frosting*.

Sustituciones y *tips*

> El huevo puede sustituirse por la misma cantidad de claras o el mismo peso en plátano.

> El ghee puede ser mantequilla o aceite de coco.

> El eritritol equivale a 80 g de azúcar o panela.

> La harina de avena puede ser de trigo, espelta...

> Es posible sustituir el sirope sin azúcar por sirope de agave o miel.

Valor nutricional aproximado por ración con *frosting*	
Valor energético	195 kcal
Grasa	14,8 g
Carbohidratos	10,8 g
Proteínas	4,3 g

Crème brûlée

45 min/ 4 raciones

4 ramequines de 10 cm aptos para horno

sin gluten / ovovegetariana / sin frutos secos

Ingredientes

500 ml de nata

4 yemas de huevo

70 g de eritritol

1 vaina de vainilla

ralladura de limón (opcional)

En un cazo, pon la nata y la vainilla (con todo el interior raspado y con la vaina). Si decides usar ralladura de limón, agrégala también. Deja que se caliente durante unos 10 minutos sin que llegue a hervir. Tapa y deja reposar.

Una vez reposada, cuela la nata para retirar la vaina y la ralladura.

Aparte, bate las yemas con el eritritol hasta que blanqueen. Añade una cucharada de nata y mezcla. Poco a poco, añade el resto de la nata mientras bates.

Cuando tengas una mezcla homogénea, viértela de nuevo en el cazo y caliéntala a fuego medio hasta que espese, con unos 5 minutos bastará.

Enciende el horno a 160 °C e introduce una bandeja con agua donde quepan los ramequines.

Vierte la mezcla en los ramequines y colócalos dentro de la bandeja con agua. Cocina durante 30 minutos.

Pasado este tiempo, sácalos y déjalos templar antes de refrigerar.

En el momento de servir, espolvorea una cucharada de eritritol por la superficie de cada ramequín y quémalo ligeramente con un soplete hasta que se dore.

Sustituciones y tips

> Puedes elaborar la crème en una cazuela del mismo modo que en el horno, pero tapando los ramequines para que no les entre líquido.

> Puedes cambiar la ralladura de limón por naranja.

Valor nutricional aproximado por ración	
Valor energético	470 kcal
Grasa	48 g
Carbohidratos	4 g
Proteínas	5 g

Minicheesecake cinnamon rolls

30 min/ 8 unidades

8 moldes para magdalenas de silicona

ovovegetariana / sin azúcar

Ingredientes para la base

50 g de galletas de canela sin azúcar

30 g de ghee o mantequilla o aceite de coco

Ingredientes para el relleno

1 huevo mediano

75 g de eritritol

200 g de queso crema

1 cucharada de vainilla

Ingredientes para el swirl

85 g de dátiles medjoul deshuesados

30 g de mantequilla de anacardos

30 ml de agua

5 g de canela molida

5 g de vainilla

Precalienta el horno a 180 °C con calor arriba y abajo.

Para hacer la base, tritura las galletas con el ghee o mantequilla en una picadora hasta obtener una textura de arena. Coloca los moldes de silicona en una bandeja de magdalenas (o puedes usar una flanera metálica) para que no se abran, reparte la mezcla entre ellos y presiona. Reserva.

Para preparar el relleno, bate el huevo con el eritritol. Añade el resto de los ingredientes y combina hasta que no queden grumos. Vierte este relleno sobre las bases que has reservado antes.

Para el swirl, procesa los dátiles junto con el resto de los ingredientes hasta obtener una crema. Pásala a una manga pastelera y repártela sobre las magdalenas haciendo un swirl o espiral en la parte superior.

Hornea durante 20 minutos. Saca, deja templar y desmolda.

Sustituciones y tips

> Si no tienes una manga pastelera, puede usar una bolsa de plástico con la esquina cortada.

> A la hora de servir, espolvorea un poco de canela por encima.

> Cocción en airfryer: 12 minutos a 180 °C.

Valor nutricional aproximado por ración			
Valor energético	Grasa	Carbohidratos	Proteínas
156,8 kcal	8,75 g	14,3 g	4,68 g

Baklava delicious

40 min / 16 raciones

bandeja de 26 × 10 cm apta para horno

vegetariana / sin azúcar / sin huevo

Ingredientes

50 g de cacahuetes pelados

50 g de nueces pecanas

50 g de pistachos pelados

50 g de anacardos

70 g de dátiles medjoul

3 g de canela

10 láminas de masa filo

100 g de ghee

Ingredientes para el jarabe

170 ml de sirope sin azúcar

zumo de ½ limón

Ten a mano la bandeja donde montarás el *baklava* y precalienta el horno a 180 °C con calor arriba y abajo, sin aire.

En una picadora, tritura todos los frutos secos, los dátiles deshuesados y la canela.

Coge 5 láminas de masa filo (envuelve las otras para que no se sequen) y funde el ghee unos 20 segundos al microondas.

Pinta 6 láminas con el ghee y colócalas en la bandeja superpuestas. Sobre la última, reparte los frutos secos picados con los dátiles y la canela. Extiende bien.

Pon encima las otras 5 láminas de masa del mismo modo: pintándolas con ghee y superpuestas.

Montado ya el *baklava*, corta la superficie con un cuchillo afilado haciendo una pequeña incisión que marque la última lámina, pero sin atravesarla completamente. Hornea 20 minutos. Luego, baja a 140 °C y hornea 30 minutos más.

Mientras se hornea, prepara el jarabe añadiendo el zumo de limón al sirope.

Saca y, antes de que enfríe, riega con el jarabe y decora con pistacho picado.

Sustituciones y *tips*

> Puedes sustituir el ghee por mantequilla, el dátil por edulcorante o azúcar de coco y el sirope sin azúcar por sirope de agave, miel o un almíbar. Si usas miel, añade un poquito de agua y caliéntala para aligerarla.

> Usa los frutos secos que más te gusten.

> Yo corto las láminas de masa filo del tamaño de la bandeja, pero puedes simplemente doblar los bordes.

Valor nutricional aproximado por ración	
Valor energético	182,75 kcal
Grasa	13 g
Carbohidratos	12,6 g
Proteínas	3,8 g

Muffins de coco y lima

---
30 min / 10 *muffins*

---
moldes estándar de magdalena

---
ovovegetariana / sin azúcar
/ sin frutos secos / sin lactosa

Ingredientes

2 huevos medianos

100 g de eritritol

1 cucharadita de vainilla

ralladura de 1 lima

85 ml de bebida vegetal

50 g de coco rallado

70 ml de aceite de coco

125 g de harina de avena integral

7 g de levadura química

Bate los huevos con el eritritol, la vainilla y la ralladura de lima.

Agrega la bebida vegetal, el coco rallado y el aceite de coco fundido. Intégralo todo bien.

Tamiza la harina y la levadura sobre la mezcla y remueve hasta que esté todo completamente homogéneo.

Reparte la masa en moldes de magdalena o en papelitos de *muffin* y, en el horno precalentado a 200 °C arriba y abajo, hornea durante 20 minutos.

Saca y deja enfriar sobre una rejilla.

Sustituciones y *tips*

> En vez de harina de avena, puedes usar harina integral de trigo, centeno, espelta...

> La bebida vegetal es al gusto; también sirve leche.

> El aceite de coco puede ser de oliva y la levadura, bicarbonato.

> El eritritol puede sustituirse por la misma cantidad de azúcar o de dátil triturado.

Valor nutricional aproximado por ración	
Valor energético	156 kcal
Grasa	12 g
Carbohidratos	7,8 g
Proteínas	3,3 g

Cereales *chocodelicious*

30 min / 4 raciones
(unas 188 bolitas de cereal)

sin gluten / sin azúcar

Ingredientes

100 g de almendras molidas

1 huevo mediano

50 g de miel pura

50 g de cacao

45 g de leche en polvo

1 cucharada de vainilla

Mezcla todos los ingredientes en un bol: tienes que conseguir una textura manejable y que no se pegue en las manos.

Prepara una bandeja de horno forrada con papel vegetal.

Hazle unos 188-190 pellizcos a la masa, todos de la misma cantidad.

Una vez hechos, haz bolitas con las palmas de las manos y colócalas en la bandeja. Es mucho más sencillo hacerlo así que no bolita a bolita; de este modo, te aseguras de que todas las bolitas tienen el mismo peso y tamaño, ya que repartes la masa de manera uniforme antes de hacerlas.

Cuando tengas todas las bolitas, hornea 15 minutos a 170 °C. Dales unas vueltas a mitad de cocción.

Saca y deja enfriar completamente para que el exterior quede crujiente.

Sustituciones y *tips*

> Puedes sustituir la miel por sirope de agave o de dátiles.

> Para una receta sin lactosa, utiliza leche de coco en polvo.

> Los pellizcos que yo hago a la masa son de 1-2 g.

Valor nutricional aproximado por ración	
Valor energético	292 kcal
Grasa	15 g
Carbohidratos	20 g
Proteínas	14,7 g

Galletas de la fortuna

30 min/ 14 galletas

ovovegetariana / sin azúcar
/ sin frutos secos / sin lactosa

Ingredientes

50 g de clara de huevo

100 g de eritritol

25 ml de agua

30 ml de aceite de coco

1 cucharada de vainilla

60 g de harina de trigo

una pizca de sal

20 g de maicena

Sustituciones y *tips*

> Para una versión vegana, sustituye la clara de huevo por aquafaba.

> La maicena puede sustituirse por harina de arroz; la harina de trigo, por harina de avena; el agua, por leche; el aceite de coco puede ser de oliva, y el eritritol, azúcar.

> Si al manipular las galletas te quemas mucho, usa unos guantes de algodón.

Antes de empezar con la receta propiamente dicha, corta 14 pequeñas tiras de papel y escribe en cada una de ellas un mensaje.

Luego, mezcla las claras con el eritritol, el agua, el aceite de coco fundido y la vainilla. Aparte, la harina con la sal y la maicena. Vierte los ingredientes sólidos sobre la mezcla de los líquidos y combina hasta que no queden grumos.

Precalienta el horno a 170 °C y forra una bandeja de horno con una hoja de papel vegetal.

Sobre la bandeja forrada, reparte 4 cucharadas de masa separadas entre ellas y, con el reverso de una cuchara, estíralas formando un círculo fino. Cuece un máximo de 4 galletas en cada hornada porque hay que trabajarlas rápido cuando salen del horno. Hornéalas durante 9-10 minutos o hasta que veas que los bordes empiezan a dorarse.

Una vez cocidas, saca las galletas y dales la vuelta. Pon una tira de papel con mensaje en un lado de cada galleta, dóblala sobre ella misma de manera que el papel quede dentro y junta las dos puntas. Si quieres, puedes ayudarte con un bol como se observa en la foto.

Repite los tres últimos pasos de la elaboración hasta terminar con la masa.

Colócalas en una bandeja de *muffins* para que se enfríen y endurezcan sin perder la forma.

Valor nutricional aproximado por galleta			
Valor energético	Grasa	Carbohidratos	Proteínas
40 kcal	2 g	4 g	0,8 g

NUNCA DEJES QUE NADIE APAGUE TU LUZ.

Galletas de *peanuts* y dátiles

10 min + tiempo de horneado / 12 galletas

vegana / sin azúcar / sin lactosa / sin huevo

Ingredientes

125 g de harina de avena neutra
o con sabor

85 g de *peanut butter*

100 g de dátiles triturados

60 g de zumo de limón

1 cucharada de vainilla (opcional)

chocolate negro (opcional)

Mezcla todos los ingredientes, excepto el chocolate, sin ningún tipo de cuidado. Forma una masa, la necesaria para poder hacer bolitas.

Haz 12 bolitas y aplánalas con un tenedor para darles forma de galleta. Hornéalas a 180 °C durante 20 minutos.

Saca y, si quieres, decora con un poco de chocolate fundido.

Sustituciones y *tips*

> Puedes usar la harina que quieras y el zumo de limón, sustituirlo por zumo de naranja o leche.

> La *peanut butter* puede ser mantequilla de otro fruto seco y los dátiles, otra fruta deshidratada similar.

Valor nutricional aproximado por galleta			
Valor energético	Grasa	Carbohidratos	Proteínas
100 kcal	3,9 g	10 g	3,5 g

Muffins de limón y arándanos

Ingredientes

90 g de mantequilla

120 g de eritritol

2 huevos medianos a
   temperatura ambiente

70 ml de bebida vegetal

125 g de puré de manzana o
   1 manzana troceada pequeña

una pizca de canela

ralladura de 1 limón grande

120 g de harina de avena

7 g de levadura química

125 g de arándanos frescos

Funde la mantequilla en el microondas hasta que esté completamente líquida. Bátela junto con el eritritol y los huevos.

Cuando la mezcla se haya integrado, añade la bebida vegetal, el puré de manzana, la canela y la ralladura de limón. Por último, integra la harina y la levadura y bate hasta que no queden grumos.

Reparte la masa en un molde para magdalenas, coloca algunos arándanos sobre cada *muffin* y presiónalos un poco para que se hundan en la masa.

En el horno precalentado a 200 °C, hornea unos 22 minutos.

Saca y deja enfriar por completo antes de desmoldar.

Sustituciones y *tips*

> Puedes sustituir la mantequilla por ghee o, para una versión un poco más *veggie*, por margarina.

> Es importante que los huevos estén a temperatura ambiente para que no se haga una masa poco fácil de trabajar.

Valor nutricional aproximado por ración	
Valor energético	134 kcal
Grasa	9 g
Carbohidratos	10 g
Proteínas	3 g

Magnum cookie dough

30 min / 8 minimágnums

sin gluten / vegetariana
/ sin huevo

**Ingredientes para la cookie
dough**

65 g de almendras molidas

15 g de mantequilla a
temperatura ambiente

25 g de *peanut butter*

3 g de saborizante de vainilla

1 cucharadita de pasta
de vainilla

10 g de chips de chocolate

1 cucharadita de leche

**Ingredientes para el helado
de vainilla**

120 g de nata

130 g de mascarpone u otro
queso crema

3 g de saborizante de vainilla

Ingredientes para la cobertura

100 g de chocolate blanco
sin azúcar

1 cucharada aceite de coco

chocolate *Gold* (opcional)

Empieza preparando la *cookie dough*: mezcla los ingredientes de la lista y, cuando obtengas una masa, resérvala en la nevera mientras elaboras el resto de la receta.

Entretanto, bate la nata, el queso y el saborizante del helado. Tienes que conseguir una crema lisa y aterciopelada. Reserva también.

Haz bolitas de *cookie dough* del tamaño de arándanos. Reparte 3 o 4 bolitas en cada molde de minimágnum y añade encima una cucharada de crema como si quisieras esconderlas. Añade alguna bolita más, termina de rellenar cada molde con la crema y da unos ligeros golpes sobre la encimera para que se reparta todo el contenido de manera uniforme.

Congela 3 horas.

Saca los minimágnums de los moldes, báñalos en el chocolate blanco fundido con el aceite de coco y, si quieres, decóralos con chocolate *Gold*.

Sustituciones y *tips*

> Puedes sustituir el saborizante del helado por 40 g de eritritol junto con una cucharada de vainilla.

> Conserva los minimágnums en el congelador hasta consumirlos. Cuando vayas a comerte uno, te aconsejo que lo saques 5 minutitos antes; el cambio en la cremosidad es abismal.

Valor nutricional aproximado por ración			
Valor energético	Grasa	Carbohidratos	Proteínas
255 kcal	23 g	9,6 g	4,8 g

Cheesecake nube

40 min / 7 raciones

molde de 15 cm de diámetro
no desmontable

sin gluten / ovovegetariana
/ sin azúcar / sin frutos secos

___

Ingredientes

3 huevos medianos

200 g de queso crema *light*

35 g de maicena

30 g de mantequilla fundida

80 g de eritritol

10 g de zumo de limón

Separa las claras de las yemas. En un bol amplio, monta las claras hasta dejarlas a punto de nieve y reserva. En otro bol, bate las yemas con el resto de los ingredientes hasta obtener una textura homogénea y sin grumos.

Añade las claras montadas a la mezcla de las yemas en dos tandas, integrando bien la primera antes de añadir la segunda. Hazlo con la ayuda de una espátula de silicona y con movimientos envolventes.

Una vez que obtengas una crema ligera, viértela en el molde engrasado con un poco de aceite de oliva.

En el horno precalentado a 150 °C, cuece la crema con calor arriba y abajo y sin aire durante 30 minutos. Pasado este tiempo, sube la temperatura a 160 °C y hornea 15 minutos más.

Apaga el horno y deja la *cheesecake* en el interior durante 20 minutos más con la puerta cerrada.

Sustituciones y *tips*

> Puedes sustituir la maicena por otra harina, el eritritol, por azúcar y la mantequilla, por aceite de coco.

> Los huevos no se pueden sustituir.

> Si no tienes un molde no desmontable, fórralo muy bien con papel de aluminio.

> Guarda la *cheesecake* en la nevera si le pones cobertura. Si no, a temperatura ambiente aguanta bien.

> Yo la acompaño con frutos rojos congelados, que caliento un minuto en el microondas.

Valor nutricional aproximado por ración	
Valor energético	114 kcal
Grasa	7,6 g
Carbohidratos	5,8 g
Proteínas	5,2 g

Cheesecake coulant

45 min / 7 raciones

molde de 16-17 cm de diámetro desmontable

sin gluten / ovovegetariana / sin frutos secos

Ingredientes

465 g de queso crema *light*

200 g de nata para montar

100 g de eritritol

4 huevos medianos

20 g de cacao puro en polvo

Bate todos los ingredientes a mano hasta obtener una masa sin grumos.

Coge un papel vegetal, arrúgalo y ponlo bajo el grifo para humedecerlo bien. Escúrrelo y colócalo dentro del molde para que coja la forma.

Vierte la masa en el molde forrado y hornea durante 30-35 minutos a 210 °C. Cada horno es un mundo, así que asegúrate de que salga una *cheesecake* bailonga, pero no en exceso.

Deja enfriar a temperatura ambiente antes de desmoldar.

Sustituciones y *tips*

> Los 4 huevos medianos pueden ser 3 huevos grandes, cambiar el endulzante por 90 g de pasta de dátiles y la nata, por crema de coco. El queso crema puede ser normal, pero te recomiendo que no uses mascarpone ni queso batido.

> Para decorar la *cheesecake*, riégala con chocolate blanco y negro fundidos.

Valor nutricional aproximado por ración	
Valor energético	219 kcal
Grasa	15 g
Carbohidratos	5,8 g
Proteínas	11,7 g

Gominolas sin azúcar

20 min + tiempo de reposo
/ variable

molde de silicona estándar
para bombones

sin gluten / sin azúcar / sin frutos
secos / sin lactosa / sin huevo

Ingredientes

8 láminas de gelatina de 2 g
cada una

250 g de fresas frescas

100 ml de agua

1 cucharada de sucralosa líquida

30 ml de zumo de limón

aceite para engrasar

eritritol para rebozar

Hidrata las hojas de gelatina en agua muy fría durante 10 minutos.

Tritura las fresas y cuélalas para retirarles las semillas y lograr una textura fina.

Calienta el agua unos segundos en el microondas hasta que esté a punto de romper el hervor.

Diluye la gelatina ya hidratada y escurrida en el agua caliente. Mezcla con el puré de fresas, el endulzante y el zumo de limón. Prueba para comprobar que está a tu gusto.

Vierte en moldes de silicona para bombones previamente engrasados con aceite (yo uso aceite en espray para facilitar el engrasado). Refrigera hasta que se solidifiquen.

A la hora de consumir, reboza las golosinas desmoldadas en eritritol.

Sustituciones y tips

> Puedes sustituir cada lámina de gelatina por una cucharadita de café de agar-agar. Si lo usas, asegúrate de que, para activarlo, hierva en el agua al menos 3 minutos.

> Puedes cambiar la sucralosa líquida por 20 g de eritritol.

Valor nutricional aproximado por ración	
Valor energético	3 kcal
Grasa	-
Carbohidratos	1 g
Proteínas	1 g

Cheesecake cebra

30 min + tiempo de reposo / 8 raciones

molde de 15 cm de diámetro desmontable

sin gluten / vegetariana / sin azúcar / sin frutos secos / sin huevo

Ingredientes para la base

80 g de galletas sin gluten y sin azúcar

45 g de mantequilla fundida o ghee

una pizca de canela (opcional)

Ingredientes para el relleno

41/2 láminas de gelatina

300 g de nata 50 g de chocolate negro

50 g de chocolate con leche

50 g de chocolate blanco

20 g de leche o bebida vegetal

360 g de queso crema *light*

cacao en polvo para decorar

Valor nutricional aproximado por ración	
Valor energético	368 kcal
Grasa	29 g
Carbohidratos	17 g
Proteínas	7 g

Tritura las galletas y mézclalas con la mantequilla. Si quieres, añade la canela. Pasa la masa al molde forrado previamente con papel vegetal. Presiona hasta que quede compacto.

Hidrata las láminas de gelatina en agua muy fría durante cinco minutos.

En el microondas, funde cada uno de los chocolates con 100 g de nata; hazlo a intervalos cortos de tiempo, para que no se quemen y hasta que estén totalmente derretidos.

Calienta la leche o bebida vegetal también en el microondas. Diluye las hojas de gelatina bien escurridas en ella y mezcla con el queso crema hasta que se integre bien.

Divide la mezcla en tres y combina cada parte con uno de los chocolates.

Para montar la tarta, pon una cucharada sopera de una de las mezclas de chocolate en el centro de la base. Justo en el centro de esta cucharada pon otra de otro chocolate y encima, en el centro, otra del último chocolate. Repite el mismo paso alternando las masas de los diferentes chocolates hasta terminar con todas.

Refrigera un mínimo de cuatro horas y decora con un poco de cacao en polvo antes de servir.

Sustituciones y *tips*

> La gelatina equivale a 8 g de grenetina o gelatina en polvo, o una cucharadita de agar-agar.

> La nata puede sustituirse por yogur, pero los chocolates y el queso crema no se pueden cambiar.

> Es posible hacer la base con 80 g de anacardos y 45 g de dátiles.

Bizcocho de manzana en el microondas

20 min / 6 raciones

molde desmontable de 15 cm
de diámetro apto para microondas

ovovegetariana / sin azúcar
/ sin lactosa

Ingredientes

80 g de manzana

3 huevos medianos

150 ml de bebida de almendras

1 cucharadita de vainilla

160 g de harina de avena

30 g de harina de almendra

5 g de levadura química

1 cucharada de aceite de coco

70 g de eritritol

Ingredientes para la decoración

½ manzana

sirope de arce al gusto

canela al gusto

Pela y descorazona la manzana y, a continuación, pícala en una picadora o procesador de alimentos.

Añade los huevos, la bebida vegetal y la vainilla, y bate bien. Agrega el resto de los ingredientes y mezcla hasta que no haya grumos.

Vierte la masa en el molde y decora con la media manzana cortada fina.

Cuece en el microondas durante 8 minutos y medio aprox. a máxima potencia.

Saca y espolvorea sirope de arce y canela por encima.

Sustituciones y *tips*

> Puedes cambiar la bebida vegetal por leche y el aceite de coco, por aceite de oliva o mantequilla. En lugar de harina de avena, puedes usar cualquier otra.

Valor nutricional aproximado por ración			
Valor energético	Grasa	Carbohidratos	Proteínas
185 kcal	7 g	19,8 g	9 g

Panellets

1 h / 20 *panellets*

sin gluten / ovovegetariana
/ sin azúcar / sin lactosa

Ingredientes

145 g de patata cocida

140 g de almendra molida

140 g de eritritol

ralladura de 1 limón

Ingredientes para la cobertura

1 huevo

toppings al gusto: piñones,
almendra troceada, coco
rallado, cacao...

Tritura la patata cocida con un tenedor (yo la cuezo con piel en el microondas durante unos 10-12 minutos o hasta que esté tierna). Mézclala con el resto de los ingredientes formando una masa.

Para hacer los *panellets* de piñones y almendras, haz bolitas con la masa, pinta con clara de huevo y «pega» los frutos secos.

Si los prefieres de chocolate, mezcla la masa con el cacao en polvo y luego dales forma.

Para los *panellets* de coco, forma las bolitas y reboza en coco rallado.

Hornea a 175 °C unos 15 minutos. Durante los últimos minutos, deja que se doren en la parte superior del horno.

Sirve al momento o guárdalos en un táper hermético.

Sustituciones y *tips*

> Puedes usar 130 g de dátiles en vez de eritritol. Si lo haces, añade un poco más de almendra molida.

> La patata se puede sustituir por boniato asado. En este caso, reduce el edulcorante.

> Para la opción vegana, sustituye el huevo por bebida vegetal o aquafaba.

> Puedes hornear los *panellets* de cacao y coco para que queden doraditos y tostados, pero no es necesario.

Valor nutricional aproximado por *panellet* sin *toppings*	
Valor energético	50 kcal
Grasa	3,5 g
Carbohidratos	1,9 g
Proteínas	1,9 g

Tatin de manzana y pera

30 min / 1 tarta

sartén apta para horno o molde
de 18 cm de diámetro

vegetariana / sin azúcar
/ sin frutos secos

Ingredientes

4 manzanas

2 peras

20 g de mantequilla

60 g de sirope de arce sin azúcar
o pasta de dátiles

20 g de eritritol

1 cucharadita de canela

1 cucharadita de vainilla

1 lámina de masa quebrada
de buena calidad

Pela la fruta, descorazónala y pártela por la mitad.

Pon la mantequilla, el sirope y el eritritol en la sartén y lleva a fuego medio hasta que esté todo derretido. Añade la fruta cortada por la mitad en la sartén (o en el molde). Aunque parezca mucha, mengua al cocerse y, si no es esa cantidad, la tarta no queda llenita. Espolvorea por encima la canela y la vainilla.

Cuece la fruta a fuego bajo hasta que empiece a reblandecerse dándole vueltas cada cierto tiempo, con cuidado de no romperla. Si usas un molde, hornéala en el horno a 180 °C unos 20 minutos con la mantequilla, el sirope y el eritritol previamente fundidos y mezclados con la fruta. Una vez que la fruta esté tierna, retírala y resérvala en un plato con cuidado.

Reduce el líquido que haya quedado en la sartén hasta que se forme un caramelo. Con 5 minutos será suficiente.

Transfiere la fruta de nuevo a la sartén, procura que la parte exterior (donde estaba la piel) toque el fondo de la sartén. Tapa con la masa quebrada previamente pinchada para que no suba e introduce los bordes bien hacia dentro.

Por último, en el horno precalentado a 200 °C, hornea unos 30 minutos o hasta que la tarta esté dorada. Saca e inmediatamente voltea la tatin sobre un plato.

Valor nutricional aproximado por ración	
Valor energético	243 kcal
Grasa	9 g
Carbohidratos	38 g
Proteínas	2,3 g

Sustituciones y tips

> Puedes cambiar las manzanas por melocotones, plátanos…

> El sirope de arce puede ser de agave, miel o pasta de dátil (¡ojo!, entonces la receta sí debe llevar azúcar).

> Puedes hacer tu mismo la masa quebrada mezclando 80 g de yogur con 80 g de harina de avena. Forma una bola, estírala y sigue el proceso de cocción que precisa esta masa.

Bolitas de *cheesecake* de limón

15 min / 18-20 bolitas

sin gluten / vegetariana / sin azúcar / sin frutos secos / sin huevo

Ingredientes

200 g de queso crema *light*

100 g de dátiles medjoul deshuesados

ralladura de 1 limón

1 cucharadita de vainilla

50 g de harina de coco

coco rallado para decorar

Tritura todos los ingredientes juntos, excepto la harina de coco, hasta obtener una mezcla homogénea.

Ahora, añade la harina y combina para lograr una textura que permita formar las bolitas.

Cuando tengas todas las bolitas hechas, rebózalas en el coco rallado y guárdalas en la nevera dentro de un táper hermético.

Sustituciones y *tips*

> Los 50 g de harina de coco pueden sustituirse por 200 g de coco rallado.

> Los dátiles no se pueden sustituir.

> La ralladura de limón no es imprescindible, pero le da el toque maestro.

> También puedes decorar las bolitas con un poco de chocolate fundido.

Valor nutricional aproximado por bolita			
Valor energético	Grasa	Carbohidratos	Proteínas
45 kcal	1,8 g	10 g	1,7 g

Pumpkin pie

1 h / 8 raciones

molde de 22 cm de diámetro

ovovegetariana / sin azúcar / sin frutos secos

Ingredientes para la base

320 g de kéfir o yogur

400 g de harina avena neutra o con sabor a vainilla

1 cucharada de vainilla

Ingredientes para el relleno

400 g de calabaza asada

100 g de eritritol o pasta de dátil

200 ml de nata o leche evaporada

3 huevos mediados

ralladura de 1 limón

1 cucharadita de mezcla de especias: *pumpkin pie* spice, canela, nuez moscada, jengibre en polvo

50 g aprox. de nata montada para decorar

Para preparar la base, mezcla todos los ingredientes y forma una bola. Estírala con la ayuda de un rodillo y pásala al molde. Presiona con los dedos para que coja la forma. Sube los bordes por las paredes del molde.

Para hacer el relleno, tritura la calabaza y la pasta de dátil o eritritol. Añade el resto de los ingredientes y vuelve a triturar hasta que esté todo bien combinado y tengas una mezcla homogénea. Vierte sobre la base.

Hornea 15 minutos a 200 °C. Transcurrido este tiempo, baja el horno a 175 °C y cocina 40 minutos más. Saca y deja enfriar.

Guarda el *pie* refrigerado y, antes de servir, decora con nata montada.

Sustituciones y *tips*

> En vez de hacer tú la base, también puedes comprar una lámina de masa quebrada de buena calidad. Si usas una comprada, utiliza el mismo molde, pero al sobrar más masa, podrás hacer formas en los bordes superiores.

Valor nutricional aproximado por ración			
Valor energético	Grasa	Carbohidratos	Proteínas
123 kcal	4,5 g	14,4 g	6,2 g

Coulant al micro

10 min / 1 *coulant*

sin gluten / ovovegetariana / sin lactosa

Ingredientes

1 huevo pequeño

1 plátano maduro

10 g de cacao puro en polvo

4 g de levadura química

2 g de saborizante de vainilla

10 g de almendra molida

2 onzas de chocolate al 85 %

Con la batidora de mano, tritura todos los ingredientes juntos, excepto las onzas de chocolate.

Vierte la mezcla en una taza y coloca las onzas en el centro.

Cuece en el microondas 2 minutos a 850 W (tras minuto y medio, comprueba si ya está).

Saca, voltea sobre un plato y disfruta.

Sustituciones y *tips*

> La almendra molida puede ser harina de avena. Si lo prefieres, en lugar de levadura, usa bicarbonato. También puedes cambiar el saborizante por 1 dátil medjoul y el plátano por manzana rallada.

> Cocción en *airfryer*: 200 ºC unos 5 minutos.

Valor nutricional aproximado por *coulant*	
Valor energético	377 kcal
Grasa	20 g
Carbohidratos	33 g
Proteínas	15 g

Filipinos®

25 min / 24 filipinos®

ovovegetariana / sin azúcar / sin lactosa

Ingredientes

1 huevo mediano

75 g de harina de avena integral

30 g de almendras molidas

1 cucharada de vainilla

35 ml de aceite de coco

30 g de eritritol

Ingredientes para la cobertura

chocolate negro

1 cucharada de aceite de coco

Sustituciones y *tips*

> La harina de avena puede ser otra harina integral como, por ejemplo, de espelta.

> Puedes cambiar la almendra por otro fruto seco triturado y el aceite de coco, por aceite de oliva suave.

Combina todos los ingredientes de la masa hasta obtener una mezcla homogénea con la que poder formar una bola. Deja reposar 20 minutos.

Pasado este tiempo, con la ayuda de un rodillo estira la masa entre dos papeles vegetales o film transparente para evitar que se pegue a la mesa. Debe tener un grosor de 2 cm.

Corta la masa en círculos con la ayuda de un cortapastas de unos 5 cm de diámetro. Haz un agujero de 1 cm de diámetro en el centro de cada círculo con otro cortador o con una pajita y colócalos sobre una bandeja de horno forrada con papel vegetal.

Junta los sobrantes de la masa y estírala de nuevo con el rodillo para hacer más círculos.

Cuando los tengas todos, hornea unos 15 minutos a 190 °C o hasta que veas que están dorados. Saca y deja enfriar.

Una vez fríos, funde el chocolate negro en el microondas a intervalos cortos de tiempo para que no se queme hasta que esté derretido. Añade el aceite de coco para fluidificarlo.

Baña cada círculo en el chocolate fundido y deja en una rejilla para que se escurra el sobrante. Puedes refrigerar para que solidifique antes.

Guarda los filipinos® en un recipiente hermético.

Valor nutricional aproximado por filipino®			
Valor energético	Grasa	Carbohidratos	Proteínas
57 kcal	3,8 g	3,9 g	1,2 g

Pim's® saludables

30 min / 12 pim's®

vegana / sin azúcar / sin lactosa / sin huevo

Ingredientes para la base de galleta

75 g de harina de avena

50 g de almendras molidas

30 ml de bebida vegetal

20 ml de aceite de oliva

40 g de sirope sin azúcar

½ cucharadita de levadura química

¼ cucharadita de sal

Ingredientes para el relleno

150 g de frambuesas

1 cucharada de sirope de agave

2 cucharadas de semillas de chía

Ingredientes para la cobertura

chocolate negro

Valor nutricional aproximado por ración	
Valor energético	95 kcal
Grasa	6 g
Carbohidratos	5,5 g
Proteínas	2,6 g

Para hacer la base de las galletas, mezcla todos los ingredientes de la lista hasta obtener una masa con la que poder formar bolitas.

Haz 12 bolitas del mismo tamaño y aplástalas dándoles forma circular. Hornéalas 10-12 minutos a 180 °C con calor arriba y abajo.

Mientras se cuecen las galletas, prepara la mermelada. En un cazo, añade las frambuesas, el sirope y un poquito de agua. Cocina hasta que la fruta hierva y, con un tenedor, tritúrala. Agrega las semillas de chía y apaga el fuego. Deja enfriar a temperatura ambiente.

Cuando la mermelada coja espesor y las galletas ya estén cocinadas y enfriadas, pon una cucharada de mermelada sobre cada galleta.

Funde el chocolate negro en el microondas a intervalos cortos de tiempo para que no se queme y vierte una cucharada sobre cada galleta de manera que cubra la capa de mermelada y esta quede escondida.

Guárdalas refrigeradas y bien cerradas.

Sustituciones y tips

> Para dar forma a las galletas, yo uso una bandeja para magdalenas: aprovecho la cavidad para que queden perfectas.

> Se añade un poco de agua en el cazo para que las frambuesas no se peguen.

> El aceite de oliva puede ser de coco; la bebida vegetal, leche y el sirope, miel.

> Puedes sustituir las frambuesas por otros frutos: moras, fresas, grosellas...

Cookie en airfryer

15 min / 1 *cookie*

vegetariana / sin azúcar
/ sin huevo

Ingredientes para la base

20 g de mantequilla

50 g de harina de avena

20 ml de bebida de almendras

25 g de eritritol

1 cucharada de vainilla en pasta

1 cucharadita de levadura
química

Ingredientes para el relleno
y la cobertura

1 onza de chocolate negro

chips de chocolate negro

Derrite la mantequilla en el microondas a intervalos cortos de tiempo para que no se queme hasta que esté fundida. Combínala con el resto de los ingredientes de la base hasta obtener una masa que puedas manipular.

Haz dos bolas. Coloca la onza de chocolate sobre una bola y tápala con la otra. Dale forma de galleta escondiendo la onza dentro y decora con los chips.

Calienta la *airfryer* 5 minutos a 180 °C. Introduce la galleta y cocínala 10 minutos a la misma temperatura sobre un trocito de papel vegetal.

Sustituciones y *tips*

> Si no tienes *airfryer*, puedes hacer esta receta en el horno con aire y del mismo modo.

> Para una opción vegana, sustituye la mantequilla por aceite de coco.

> Puedes usar otra harina integral similar a la de avena, bicarbonato en vez de levadura y la leche que tú prefieras.

Valor nutricional aproximado por *cookie*	
Valor energético	383 kcal
Grasa	23 g
Carbohidratos	32 g
Proteínas	8,4 g

Vasitos de *lemon curd*

30 min / 4 vasitos

sin gluten / vegetariana

Ingredientes para la base

80 g de anacardos

40 g de dátiles medjoul

1 cucharada de cacao

Ingredientes para la crema

150 g de nata para montar

150 g de yogur natural

1 cucharada de vainilla

ralladura de ½ limón

30 g de eritritol

Ingredientes para el *lemon curd*

30 ml de aceite de coco

100 ml de zumo de limón

1 huevo

7 g de maicena

20 g de eritritol

Para hacer la base, tritura todos los ingredientes y pon la masa en el fondo de cuatro vasitos de cristal. Presiona para compactarla ligeramente.

Prepara la crema. Por un lado, monta la nata y, por otro, mezcla en un bol el yogur con la vainilla, la ralladura y el edulcorante. Añade la nata al bol e integra con movimientos suaves y envolventes. Reparte en los cuatro vasitos.

Por último, prepara el *lemon curd*. Funde el aceite de coco y bate el resto de los ingredientes en un bol hasta que no haya grumos. Agrega el aceite fundido a esta mezcla e introduce un minuto en el microondas. Remueve con unas varillas y cocina 30 segundos más. Saca, remueve, cuela y deja enfriar. Una vez frío, añade una cucharada de *lemon curd* en cada vasito.

Sustituciones y *tips*

> También puedes hacer la base con 80 g de galletas sin azúcar y 45 g de mantequilla fundida.

> La crema puede ser vegana si usas nata y yogur vegetales.

> Puedes sustituir el eritritol por 2 dátiles triturados con el yogur.

> Y el aceite de coco del *lemon curd* puede ser mantequilla.

Valor nutricional aproximado por vasito			
Valor energético	Grasa	Carbohidratos	Proteínas
290 kcal	22 g	13 g	8 g

Cheesecake de fresa

20 min + tiempo de reposo
/ 7 raciones

molde de 15 cm de diámetro
desmontable

sin gluten / vegetariana
/ sin huevo

Ingredientes para la base

80 g de anacardos

60 g de pasta de dátiles

20 g de cacao puro

10 ml de aceite de coco

Ingredientes para el relleno

5 láminas de gelatina de 2 g

50 ml de bebida vegetal

320 g de queso crema *light*

95 g de pasta de dátiles

1 cucharadita de vainilla líquida

200 g de fresas

Ingrediente para la cobertura

100 g de fresas laminadas

Tritura todos los ingredientes de la base hasta obtener una masa que se pueda compactar. Colócala en el molde previamente forrado con papel vegetal y presiona hasta que quede lisa y consistente.

Para el relleno, hidrata las hojas de gelatina en agua muy fría durante cinco minutos.

Escurre bien y diluye en la leche vegetal hasta que esté totalmente integrada.

Mezcla todos los ingredientes junto con las fresas previamente troceadas. Una vez que tengas una textura homogénea, vierte sobre la base y refrigera como mínimo cuatro horas.

Para preparar la cobertura, simplemente dales forma de corazón a las fresas con la ayuda de un cortapastas.

Sustituciones y *tips*

> Puedes sustituir todos los ingredientes de la base por 80 g de galletas sin azúcar y sin gluten con 45 g de mantequilla.

> En vez de fresas puedes emplear cualquier otra fruta que prefieras, el aceite de coco puede ser de oliva o mantequilla y la bebida vegetal, leche.

> Las láminas de gelatina equivalen a una cucharadita de agar-agar o 8,5 g de gelatina en polvo.

> El queso no puede ser ricotta, requesón ni un queso fresco o batido.

Valor nutricional aproximado por ración			
Valor energético	Grasa	Carbohidratos	Proteínas
230 kcal	11 g	23 g	8,5 g

Gofres
de chocolate

15 min / 6 gofres pequeños

ovovegetariana / sin azúcar / sin frutos secos

Ingredientes

1 huevo mediano

90 g de yogur natural

ralladura de ½ naranja

40 g de harina de avena con
sabor a chocolate

4 g de levadura química

Bate ligeramente el huevo. Añade el yogur y la ralladura y combina bien. Agrega la harina y la levadura e integra hasta que no haya grumos.

Engrasa la gofrera y, cuando esté caliente, vierte porciones de masa dejando que se cocine y se dore.

Sustituciones y *tips*

> Puedes sustituir la harina de avena con sabor a chocolate por 30 g de avena con 10 g de cacao y endulzante al gusto.

> La harina de avena también puede ser de trigo o centeno.

> Sirve los gofres con chocolate fundido o fruta fresca.

> Si prefieres una versión vegana, sustituye el huevo por plátano y el yogur por uno vegetal.

> Puedes cambiar la levadura por bicarbonato sódico.

Valor nutricional aproximado por gofre			
Valor energético	Grasa	Carbohidratos	Proteínas
44 kcal	1,6 g	4,8 g	2,3 g

Copa *Delicious*

15 min + tiempo de reposo / 2 copas

sin gluten / vegetariana con opción vegana / sin azúcar / sin huevo

Ingredientes

400 ml de bebida de almendras sin azúcar

15-20 g de cacao puro

18 g de maicena o arrurruz

endulzante al gusto

nata para montar

En un bol, mezcla la bebida de almendras con el cacao y la maicena y bate hasta que no haya grumos. Agrega el endulzante y llévalo a fuego medio. Remueve con unas varillas para que no se pegue mientras va espesando poco a poco. En menos de 10 minutos lo tendrás listo.

Cuando veas que adquiere aspecto de natillas, retira del fuego y reparte en 2 copas o vasos. Tapa con film transparente a piel. Deja templar y refrigera.

Antes de servir, monta un poco de nata con unas varillas eléctricas para decorar la copa.

Sustituciones y *tips*

> Para una versión vegana, puedes sustituir la nata por la parte más grasa de la leche de coco.

> La bebida puede ser otra, pero ¡ojo!, no todas las leches espesan ni aguantan igual las altas temperaturas.

> Si no tienes maicena o arrurruz, sirve otro espesante similar.

> Para endulzar, yo uso unas gotitas de sucralosa líquida.

Valor nutricional aproximado por ración	
Valor energético	142 kcal
Grasa	8 g
Carbohidratos	10 g
Proteínas	3 g

Donettes® saludables

25 min / 16 donettes®

moldes de donettes® de silicona

ovovegetariana / sin azúcar / sin frutos secos

Ingredientes

2 huevos medianos

90 g de eritritol

160 g de yogur griego

20 ml de aceite de coco o de oliva suave

1 cucharada de vainilla

170 g de harina de avena

7 g de levadura química o impulsor

Ingredientes para las coberturas

chocolate negro

chocolate blanco

proteína de vainilla

Bate los huevos con el eritritol hasta que empiecen a espumar. Añade el yogur, el aceite y la vainilla, e integra bien.

Tamiza la harina y la levadura e incorpóralas a la mezcla hasta que no haya grumos.

Vierte la masa en los moldes y hornea 15 minutos a 180 °C. Transcurrido este tiempo, saca del horno, deja enfriar y desmolda.

Para las coberturas, baña algunos donettes® en chocolate negro fundido, otros en chocolate blanco sin azúcar y dibújales unas líneas con el negro para que parezcan los originales rayados. Por último, reboza los que queden en proteína de vainilla.

Sustituciones y *tips*

> La harina de avena puede ser otra harina integral, como la de espelta o trigo.

> En vez de proteína de vainilla, también sirve eritritol glas.

> Para una versión más *veggie*, el yogur griego puede ser vegetal.

Valor nutricional aproximado por ración (sin cobertura)	
Valor energético	71 kcal
Grasa	3,5 g
Carbohidratos	6 g
Proteínas	2 g

Crema dúo

15 min / 1 bote de 400 g

sin gluten / vegana / sin azúcar / sin lactosa / sin huevo

Ingredientes

120 g de anacardos

100 g de dátiles medjoul

150 ml de bebida vegetal

20 ml de aceite de coco

15 g de cacao

En un procesador de alimentos potente, tritura los anacardos. Cuando empiecen a convertirse en mantequilla y soltar su propio aceite, añade los dátiles deshuesados.

Sigue triturando hasta obtener una mezcla uniforme. Agrega ahora la bebida vegetal y el aceite y, cuando obtengas de nuevo una crema homogénea, divídela en dos.

Integra el cacao en una de las partes.

Sirve las cremas en un tarro de cristal poniendo la mitad de un lado de un color y la otra mitad del otro. Es una crema densa, por lo que es fácil colocarla de esta forma.

Esta elaboración aguanta perfectamente en la nevera una semana.

Sustituciones y *tips*

> Los anacardos pueden sustituirse por nueces de macadamia o avellanas.

> El aceite de coco puede ser de oliva suave, los dátiles, ciruelas pasas y la bebida vegetal, leche.

Valor nutricional aproximado por 100 g	
Valor energético	288 kcal
Grasa	18 g
Carbohidratos	22,5 g
Proteínas	7 g

Leche condensada saludable

5 min / 1 bote de 360 g

sin gluten / vegetariana / sin azúcar / sin huevo

Ingredientes

200 ml de bebida de almendras

160 g de leche en polvo

1 cucharada de vainilla en esencia o en pasta

15 cucharada de eritritol glas

En un bol, mezcla todos los ingredientes juntos hasta obtener una crema lisa y homogénea. Si te cuesta un poco o quedan grumos, puedes batirla con la batidora de mano.

La cantidad de leche en polvo varía en función de la marca. Para conseguir la textura que deseas, añade más o menos líquido.

Sustituciones y *tips*

> Es mejor que el eritritol sea glas; es decir, hay que triturarlo en una picadora o trituradora hasta reducirlo a polvo. También puedes sustituirlo por 1 dátil medjoul triturado con el resto de los ingredientes o por tu endulzante favorito.

> Para una versión vegana, cambia la leche en polvo por leche de coco en polvo.

Valor nutricional aproximado por 100 g	
Valor energético	173 kcal
Grasa	1,8 g
Carbohidratos	2,4 g
Proteínas	14,7 g

Tableta de chocolate y galleta

5 min + tiempo de reposo
/ 1 tableta de 100 g

molde de tableta

vegetariana / sin frutos secos

Ingredientes

100 g de chocolate de tu
elección (negro, blanco
o con leche)

3 galletas sin azúcar

Derrite el chocolate en el microondas. Para evitar que se queme, hazlo a potencia media y a intervalos cortos de tiempo de unos 30 segundos. Saca y remueve cada vez hasta que esté completamente fundido.

Vierte una fina capa de chocolate sobre el molde. Reparte trocitos de galleta por encima y cubre nuevamente con más chocolate. Refrigera durante 2 horas mínimo.

Guarda la tableta en la nevera hasta consumir.

Sustituciones y *tips*

> Las galletas pueden ser caseras o las que consumas habitualmente, pero procura que sean finas.

> Puedes aportar un extra de sabor si añades canela en polvo, escamas de sal, un poco de clavo...

> No te pierdas la versión con chocolate blanco aquí: https://www.instagram.com/p/CPIqkDrBWxm/

Valor nutricional aproximado por ración	
Valor energético	65 kcal
Grasa	4,9 g
Carbohidratos	3,3 g
Proteínas	1,3 g

Cacaolat®

5 min / 1 botella de 1,2 litros

sin gluten / vegana / sin azúcar / sin lactosa / sin huevo

Ingredientes

1 litro de agua mineral

20 g de cacao puro en polvo

edulcorante al gusto

60 g de mantequilla de almendras

Mezcla todos los ingredientes juntos en una batidora. Transfiere la mezcla a una botella de cristal y refrigérala. Aguanta 4 días en la nevera. Remueve bien antes de servir.

Sustituciones y *tips*

> Para endulzar esta receta, yo uso 20 g de eritritol. También puedes utilizar 2 dátiles medjoul.

> La mantequilla de almendras puede ser de otro fruto seco a tu gusto, incluso tahini.

> En el caso de alergia a los frutos secos, sustituye el agua y la mantequilla por leche.

Valor nutricional aproximado por vaso de 200 ml	
Valor energético	77 kcal
Grasa	6 g
Carbohidratos	1 g
Proteínas	3 g

Natillas de chocolate en el microondas

20 min + tiempo de reposo / 4 raciones

4 ramequines de 10 cm de diámetro

ovovegetariana / sin azúcar / sin frutos secos / opción sin lactosa

Ingredientes

4 yemas de huevo medianos

60 g de eritritol

450 ml de leche o bebida vegetal

1 cucharadita de vainilla

15 g de maicena

15 g de cacao puro en polvo

½ cucharadita de canela

4 galletas sin azúcar para decorar

Bate bien las yemas con el eritritol. Añade la bebida vegetal y la vainilla y combina.

Ahora agrega la maicena y el cacao tamizados y también la canela. Mezcla hasta que no haya grumos.

Cuece en el microondas a máxima potencia 3 minutos. Saca, bate con unas varillas y cuece 2 minutos más. Saca, remueve y cocina un último minuto. Saca y bate. Si todavía no tiene textura de natilla, cuece un minuto más.

Reparte en los 4 ramequines. Coloca una galleta encima y refrigera 4 horas.

Sustituciones y *tips*

> Puedes hacerlas en un cazo a fuego medio hasta conseguir la misma textura.

> La maicena podría sustituirse por harina de arroz, arrurruz o algún otro espesante similar.

Valor nutricional aproximado por ración	
Valor energético	128 kcal
Grasa	7 g
Carbohidratos	8,5 g
Proteínas	4 g

Vulcanitos

20 min / 6 raciones

molde dónuts®

ovovegetariana / sin azúcar

Ingredientes para la masa

2 huevos medianos

1 cucharada de vainilla

80 g de yogur o queso batido

80 g de eritritol o unas gotas
de sucralosa

90 g de harina de avena
u otra integral

5 g de levadura química

Ingredientes para la cobertura

80 g de chocolate negro

sirope sin azúcar de agave
o miel

proteína de vainilla (opcional)

1 cucharadita de Nutella®
casera

En un bol amplio, bate todos los ingredientes de la masa hasta obtener una textura homogénea y sin grumos. Reparte en un molde de dónuts®.

Cuece en el microondas 2 minutos a máxima potencia. Vigila que estén cocidos cuando los saques. Puede ser que tarde un poco más dependiendo del microondas que tengas. Desmolda y deja enfriar.

Para la cobertura, funde el chocolate en el microondas a intervalos cortos de tiempo para que no se queme hasta que esté totalmente líquido.

Baña cada medio dónut® en el chocolate derretido para que quede la base cubierta y colócalos sobre papel vegetal. Refrigera para que solidifique el chocolate.

Una vez solidificado, pinta la parte sin chocolate con un poquito de sirope sin azúcar o miel (si está muy espesa, caliéntala unos segundos en el microondas). Puedes espolvorear un poco de proteína de vainilla por encima.

Por último, añade una cucharadita de Nutella® casera justo en el agujero central (encontraréis la receta en la página 50 de mi libro anterior).

Sustituciones y *tips*

> Quedan *delicious* recién hechos. Si sobran, guárdalos en un recipiente hermético o bien envueltos en film transparente.

Valor nutricional aproximado por ración	
Valor energético	212 kcal
Grasa	12 g
Carbohidratos	15 g
Proteínas	8 g

Baked oats carrot cake

25 min / 1 ración

vegetariana / sin azúcar / sin huevo

Ingredientes

45 g de zanahoria cruda rallada

45 g de copos avena

½ cucharadita de canela molida

una pizca de nuez moscada

¼ cucharadita de jengibre molido

100 ml de bebida vegetal

endulzante al gusto

80 g de yogur

3 nueces troceadas

Ingredientes para el frosting

80 g de queso batido

20 g de proteína vainilla

canela molida al gusto

Mezcla todos los ingredientes y pásalos a un recipiente o táper de cristal apto para horno. Hornea 20 minutos a 180 °C.

Una vez cocinada la masa, saca y deja enfriar. Prepara el frosting mezclando los dos ingredientes. Reparte por encima de la tarta y espolvorea canela.

Sustituciones y tips

> El endulzante puede ser 20 g de eritritol, unas gotas de sucralosa o 20 g de pasta de dátiles.

> Puedes hacer esta receta en la airfryer unos 10 minutos o en el microondas 2 minutos.

> También puedes añadir un poco más de líquido y consumir al día siguiente.

Valor nutricional aproximado por ración	
Valor energético	410 kcal
Grasa	13 g
Carbohidratos	36 g
Proteínas	34 g

Pan de manzana al microondas facilísimo

---
15 min / 1 ración

---
molde o táper de cristal
de 20 × 15 cm

---
vegetariana / sin azúcar
/ sin lactosa / sin huevo

Ingredientes para la masa

60 g de compota de manzana o
  manzana rallada

25 g de harina de avena integral

una pizca de bicarbonato o
  levadura química

¼ cucharadita de canela molida

una pizquita de sal

Ingredientes para el relleno

mantequilla de cacahuete
  al gusto

mermelada sin azúcar al gusto

En un bol, mezcla todos los ingredientes de la masa hasta obtener una textura homogénea. Viértela en un molde o táper bien engrasado con aceite.

Introduce al microondas y cuece a máxima potencia durante 2 minutos o hasta que veas que no está crudo por debajo.

Saca, deja enfriar y desmolda con cuidado.

Parte el pan por la mitad, úntalo con tu relleno favorito, cierra ¡y a disfrutar!

Sustituciones y *tips*

> Puedes usar la harina que prefieras, preferiblemente integral. Si no es integral, añade menos cantidad de compota o más harina.

> Es un pan tan sencillo que es recomendable consumirlo el mismo día.

> Se puede congelar.

Valor nutricional aproximado por ración sin relleno	
Valor energético	128 kcal
Grasa	1 g
Carbohidratos	22 g
Proteínas	3,6 g

Bizcocho de chocolate sin harina

1 hora / 6 raciones

molde desmontable de 15 cm de diámetro

sin gluten / ovovegetariana / sin azúcar / sin frutos secos

Ingredientes

4 huevos medianos
 a temperatura ambiente

150 g de chocolate

70 g de mantequilla

100 g de eritritol

Empieza separando las claras de las yemas. Monta las claras a punto de nieve con unas varillas eléctricas. Reserva las yemas.

Combina el chocolate y la mantequilla, previamente derretidos en el microondas o al baño maría, y deja que pierdan temperatura sin que vuelvan a solidificarse de nuevo.

En el bol con la mantequilla y el chocolate fundidos, añade las yemas y bate con las varillas. Si en este punto las yemas están muy frías, se formará una mezcla que parece cemento; para deshacerlo puedes añadir un poco de líquido (agua o leche) caliente.

Cuando obtengas una mezcla homogénea, agrega las claras montadas. Hazlo en dos veces: agrega primero una mitad, integra con una lengua de silicona con movimientos suaves y envolventes para evitar que baje y, cuando no haya grumos de clara montada, incorpora la segunda mitad e integra de nuevo del mismo modo.

Una vez bien mezclado todo, forra la base del molde con papel vegetal. Vierte la masa y horneamos 45 minutos a 180 °C.

Saca del horno, deja enfriar completamente y desmolda con cuidado.

Valor nutricional aproximado por ración	
Valor energético	232 kcal
Grasa	20 g
Carbohidratos	4,8 g
Proteínas	5,8 g

Sustituciones y *tips*

> El chocolate puede ser negro, con leche o blanco.

> La mantequilla puede ser aceite de coco, ghee o margarina.

> El eritritol puede ser azúcar, xilitol o similar.

> Es muy importante que los huevos no estén fríos. Si lo están, sumérgelos en agua caliente para que suban de temperatura más rápido.

Agradecimientos

Gracias a ti, que me dedicas tu tiempo y apoyas mi trabajo. Porque, sin saberlo, eres mi motor, quien me da la energía para seguir día tras día haciendo de este mundo un lugar un poco más delicious.

Gracias a las personas que me rodean y logran que este paseo sea tan divertido y único.

A los que vendrán y me traerán tantísimos buenos momentos. Y a los que se fueron, por todo lo que aprendí de ellos. Y gracias también a mí, a mi cuerpo, a mi cabeza, a mis manos... por no fallarme nunca.

Índice de recetas

SALADAS

«Patatas» de boniato y «patatas»
de calabacín 22
Coliflor *crunchy* 24
Fajitas de atún 26
Ensalada crujiente de burrata
con fresas 28
Tacos de cogollo con tofu
marinado 30
Aros de cebolla *delicious*
sin frituras 32
Croquetas de setas 34
Dip de queso feta 36
Nuggets de pollo 38
Pan de arroz sin gluten 40
Pan de ajo fácil 42
Pan de garbanzo 44
Grisines de garbanzo 46
Boniato *deluxe* 48
Queso de Burgos casero 50
Palomitas picantes 52
Timbal de salmón y patata
con manzana 54
Minipizzas fit 56
Nachos explosivos 58
Pizza de garbanzo 60
Albóndigas de soja
con curry 62
Tikka tofu masala 64

Ratatouille en tarta 66
Lasaña de lentejas superrrápida 68
Patatas aplastadas 70
Falafel de lentejas con mayonesa
ligera 72
Tarta de tomate 74
Las lentejas de mi madre 76
One pot pasta 78
Risotto con Idiazábal 80
Gofres de avena con sabor a pizza 82
Pimientos rellenos para ser un *pro* 84
Sopa de cebolla con huevo poché 86
Tortilla *fit* de berenjena, calabacín
y cebolla 88
Totopos rapidísimos con hummus
cremoso 90
Ensalada exprés 92
Patatas sonrientes 94
Huevos al plato 96
Molinillos de espinacas a la crema 98
Huevos al estilo turco 100
Sobrasada vegana 102
Paté de *shiitakes* con *crackers* 104
Sándwich de pan keto 106
Canelones de atún facilísimos 108
Bruschetta de pesto de avellanas 110
Gofu (o tofu de garbanzos)
con *teriyaki* 112
Rollitos de cheddar en *airfryer* 114
Crêpes de espinacas 116

DULCES

Mugcake de chocolate 120

Tortitas con manzana 122

Bizcocho de vainilla y piña 124

Dónuts® bombón 126

Soufflé de chocolate en airfryer 128

Auténtica panna cotta italiana 130

Flan de chocolate (o de lo que tú quieras)
proteico 132

Pastas de té 134

Brazo Suchard® 136

French toasts 140

Pudding de avena o baked oats 142

Tarta rápida de manzana
con crema 144

Bizcochito relleno 146

Yogurt bark con plátano 148

Trufas de frambuesa 150

Brownie de plátano con frosting 152

Crème brûlée 154

Minicheesecake cinnamon rolls 156

Baklava delicious 158

Muffins de coco y lima 160

Cereales chocodelicious 162

Galletas de la fortuna 164

Galletas de peanuts y dátiles 166

Muffins de limón y arándanos 168

Magnum Cookie Dough 170

Cheesecake nube 172

Cheesecake coulant 174

Gominolas sin azúcar 176

Cheesecake cebra 178

Bizcocho de manzana en
el microondas 180

Panellets 182

Tatin de manzana y pera 184

Bolitas de cheesecake
de limón 186

Pumpkin pie 188

Coulant al micro 190

Filipinos® 192

Pim's® saludables 194

Cookie en airfryer 196

Vasitos de lemon curd 198

Cheesecake de fresa 200

Gofres de chocolate 202

Copa Delicious 204

Donettes® saludables 206

Crema dúo 208

Leche condensada saludable 210

Tableta de chocolate y galleta 212

Cacaolat® 214

Natillas de chocolate en
el microondas 216

Vulcanitos 218

Baked oats carrot cake 220

Pan de manzana al microondas
facilísimo 222

Bizcocho de chocolate sin harina 224

Índice de ingredientes

A

aceite, 16

de coco, 60, 120, 126, 134, 152, 156, 160, 164, 170, 172, 180, 192, 196, 198, 200, 206, 224

de oliva, 34, 42, 44, 46, 54, 64, 88, 90, 104, 116, 120, 172, 180, 194

de oliva suave, 192

de oliva virgen extra, 22, 24, 28, 36, 40, 48, 52, 60, 62, 66, 70, 72, 74, 78, 80, 84, 86, 92, 94, 98, 100, 106, 110, 112, 114, 116

para freír, 34

aceitunas

negras, 60

verdes sin hueso, 36, 56, 108

agar-agar, 130, 176, 178

agua, 14, 19, 28, 30, 32, 38, 40, 46, 54, 60, 70, 74, 76, 78, 82, 86, 90, 100, 104, 106, 110, 112, 126, 130, 132, 154, 156, 158, 164, 176, 178, 194, 200, 214, 224

aguacate, 58

ajo, 36, 42, 62, 64, 68, 72, 74, 78, 80, 84, 86, 87, 90, 98, 100, 102, 112

en polvo, 22, 24, 26, 30, 44, 48, 50, 52, 90, 94, 106, 116

albahaca, 30

fresca, 110

almendras

bebida de, 140, 196, 210

bebida de almendras sin azúcar, 204

harina de, 28, 106, 126, 150, 180

mantequilla de, 142, 214

molidas, 106, 162, 170, 182, 190, 192, 194

queso vegano de, 90

almíbar, 158

anacardos, 28, 126, 158, 178, 198, 200, 208

mantequilla de, 156

aquafaba, 34, 182

arándanos, 168, 170

arroz, 40

Arborio, 80

basmati, 64

inflado con cacao, 148

harina de, 34, 98, 164, 216

arrurruz, 204, 216

atún, 26, 30, 108, 116

avellanas, 34, 208

mantequilla de, 142

tostadas, 110

avena

copos de, 142, 220

harina de, 34, 62, 72, 82, 104, 116, 120, 122, 124, 126, 134, 136, 142, 146, 152, 160, 164, 166, 168, 180, 184, 188, 190, 192, 194, 196, 202, 206, 218, 222

azúcar, 164, 172, 184, 224

de coco, 40, 158

B

bebida vegetal, 34, 44, 98, 106, 116, 120, 122, 124, 130, 132, 140, 142, 144, 160, 168, 178, 180, 182, 194, 200, 208, 216, 220

berenjena, 22, 66, 88, 96

bicarbonato sódico, 18, 160, 190, 196, 202, 222

boniato, 22, 48, 182

asado, 182

crudo, 22

bonito, 108

brócoli, 24

bucatini, 78

C

cacahuete, 158

mantequilla de, 148, 222, véase también peanut butter

cacao, 120, 126, 148, 162, 174, 198, 202, 208

en polvo, 178, 182

extra para rebozar, 150

puro, 122, 136, 150, 200, 204

puro en polvo, 128, 190, 214, 216

calabacín, 22, 66, 68, 76, 80, 84, 88, 96

calabaza, 22

asada, 188

caldo de verduras, 76, 86, 102, 116

canela, 48, 50, 124, 140, 142, 144, 156, 158, 168, 178, 180, 184, 188, 216

en polvo, 212

molida, 22, 220, 222

cardamomo, 140

cayena, 84

cebolla, 15, 26, 32, 34, 38, 46, 62, 68, 70, 72, 76, 80, 84, 91, 96, 102, 104, 112

dulce, 86, 108

en juliana, 86, 87

en polvo, 22, 32, 44, 46, 48, 70, 90, 94, 106

roja, 58

centeno, harina de, 82, 160, 202

cereales, 162

integrales sin azúcar, 38

pan con, 110

tipo corn flakes sin azúcar, 34

champiñones, 96

chía, semillas de, 82, 140, 194

chile, 64

jalapeño, 58

chocolate, 120, 212, 216

blanco, 132, 178, 212

blanco sin azúcar, 136, 170, 174, 206

chips de, 17, 170, 196

crema de, 148

con leche, 178

con un 85 % de cacao, 190

fundido, 122, 126, 136, 140, 142, 166, 170, 174, 186, 202

Gold, 170

negro, 126, 128, 134, 142, 146, 166, 174, 178, 192, 194, 196, 206

Nutella® casera, 218

proteína de, 132

chorizo dulce, 76

cilantro, 36

ciruelas pasas, 208

coco

aceite de, 60, 120, 126, 134, 152, 156, 160, 164, 170, 172, 180, 192, 194, 196, 198, 200, 206, 208, 224

azúcar de, 40, 158

crema de, 174

harina de, 186

leche de, 62, 64, 130, 162, 204, 210

nata de, 38

rallado, 160, 182, 186

yogur de, 90, 148

coliflor, 24

comino, 64, 112

compota, 130, 222

crème fraîche, 58, 60

cúrcuma, 64

curry

en polvo, 52, 62

pasta de, 62

D

dátiles, 16, 120, 148, 150, 178, 182

medjoul, 130, 140, 150, 156, 158, 186, 190, 198, 208, 210, 214

pasta de, 126, 134, 140, 144, 160, 166, 174, 184, 188, 200, 220

sirope de, 162

E

eneldo, 54

eritritol, 120, 124, 126, 128, 130, 136, 139, 140, 144, 146, 150, 152, 154, 156, 160, 164, 168, 170, 172, 174, 176, 180, 182, 184, 188, 192, 196, 198, 206, 210, 214, 216, 218, 220, 224

espaguetis, 78

espelta, harina integral de, 42, 82, 120, 152, 160, 192, 206

espinacas, 98, 116

estevia, 150

F

frambuesas, 28, 150, 194

fresas, 28, 176, 194, 200

proteína de fresa, 132

fruta deshidratada, 166

fruta verde, 19

frutos rojos, 172, véase también arándanos, frambuesas, fresas, grosellas, moras

G

galletas sin azúcar, 198, 200, 212, 216

garbanzos, 72, 84, 90, 92

harina de, 28, 32, 44, 46, 60, 112, 114

gelatina, 130, 176, 178, 200

ghee, 128, 146, 152, 156, 158, 168, 178, 224

grosellas, 194

guacamole, 26, 58, 116

H

harina

de almendras, 28, 106, 126, 150, 180

de arroz, 34, 98, 164, 216

de avena, 34, 62, 72, 82, 104, 116, 120, 122, 124, 126, 134, 136, 142, 146, 152, 160, 164, 166, 168, 180, 184, 188, 190, 192, 194, 196, 206, 218, 222

de avena con sabor a vainilla, 122, 202

de centeno, 82, 160, 202

de espelta integral, 42, 82, 120, 152, 160, 192, 206

de garbanzos, 28, 32, 44, 46, 60, 112, 114

de maíz (maicena), 34, 86, 94, 98, 134, 144, 164, 172, 198, 204, 216

de trigo integral, 74

de trigo sarraceno, 42

de trigo, 164

Heura®, 38, 58, 92

hierbabuena, 28, 30

hojaldre, 98

huevo, 13, 32, 34, 44, 56, 82, 86, 88, 96, 98, 100, 106, 114, 116, 120, 122, 124, 128, 132, 136, 140, 144, 146, 152, 156, 160, 162, 168, 172, 174, 180, 188, 190, 192, 198, 202, 206, 218, 224

clara de, 13, 32, 38, 56, 88, 164, 182

duro, 18, 72

yema de, 13, 56, 100, 124, 128, 136, 144, 154, 172, 216, 224

J

jalapeño, 58

jengibre

raíz, 14

en polvo, 30, 188, 220

judías perona, 76

K

kéfir, 188

L

láminas

de hojaldre, 98

de lasaña, 68

de masa filo, 158

de masa quebrada, 66, 184, 188

de gelatina, 130, 176, 178, 200

leche, 38, 44, 50, 78, 106, 116, 120, 122, 132, 160, 162, 164, 166, 170, 178, 180, 194, 196, 208, 214, 216, 224

de coco, 62, 64, 130, 162, 204, 210

en polvo, 162, 210

entera fresca, 50, 130

evaporada, 188

vegetal en general, 44, 106, 116, 120, 122, 132, 160, 178, 180, 194, 200, 216

lechuga, 18

cogollos de, 30

lentejas cocidas, 68, 72, 76, 84

levadura, 120, 146

fresca, 74

nutricional, 38

química, 42, 44, 46, 56, 82, 106, 124, 126, 136, 160, 168, 180, 190, 194, 196, 202, 206, 218, 222

seca de panadero, 40

lima, 160

limón

ralladura de, 132, 154, 168, 182, 186, 188, 198

zumo de, 38, 50, 58, 64, 72, 158, 166, 172, 176, 198

M

maicena, 34, 86, 94, 98, 134, 144, 164, 172, 198, 204, 216

masa

de pizza, 74

brisa, 74

filo, 158

quebrada, 66, 144, 184, 188

maíz
  crudo, 52
  tortillas de, 90
mantequilla, 16, 17, 78, 80, 86, 100, 120, 122, 126, 128, 134, 146, 152, 156, 158, 168, 170, 172, 178, 180, 184, 196, 198, 200, 208, 224
  de almendras, 214
  de anacardos, 156
  de cacahuete, 148, 166, 222
  de frutos secos en general, 120, 142, 166, 214
  ghee, 128, 146, 152, 156, 158, 168, 178, 224
manzana, 54, 92, 122, 144, 148, 168, 180, 184, 190
  compota de, 222
  puré de, 168
margarina, 100, 120, 128, 134, 168, 224
masala, 64
melocotón, 184
menta, 100
mermelada, 130, 194
  sin azúcar, 222
miel, 16, 22, 40, 50, 124, 148, 152, 158, 184, 194, 218
  pura, 162
moras, 194
mostaza, 38, 72, 92, 114

N

naranja
  ralladura de, 132, 154, 202
  zumo de, 166

nata, 38, 154, 170, 178
  35 % de materia grasa, 130
  de coco, 38
  para montar, 174, 188, 198, 204
nueces, 98, 220
  de macadamia, 208
  pacanas, 158,
  nuez moscada, 34, 98, 188, 220

O

orégano, 24, 26, 38, 44, 46, 48, 50, 56, 60, 66, 70, 74, 82, 84, 94, 108, 110, 116
  en polvo, 106

P

pan
  de ajo, 42
  de arroz, 40
  de garbanzo, 44
  de manzana, 112
  de molde, 114
  duro integral, 32
  integral, 32, 110, 114
  integral sin gluten, 140
  keto, 106
  rallado, 24, 32, 36, 72, 114
  sin gluten, 36, 40
  tostado, 86, 100
panceta curada, 76
panela, 152
pasas, 98
patata, 54, 70, 84, 88, 94, 182

pavo, pechugas de, 38
peanut butter, 142, 152, 166, 170
pera, 184
perejil, 152,
  fresco, 36, 42, 108
  seco, 102
pimentón, 48
  de la Vera, 76
  dulce, 30, 112
  picante, 22, 24, 32, 38, 52, 64, 70, 90, 100, 102, 112
pimienta, 38, 58, 66, 78, 80, 84, 88, 92, 94, 98, 104, 108
  negra, 22, 24, 32, 34, 36, 48, 62, 70, 72, 86, 90
pimiento, 68,
  amarillo, 84
  rojo, 26, 84, 92, 96
  verde, 26, 92, 96
piña, 98, 124
piñones, 98, 182
pistachos, 28, 158
placas para canelones, 108
plátano, 120, 122, 148, 152, 184, 202
  maduro, 190
pollo, 30, 58, 92
  pechugas de, 38
  mechado, 116
proteína, 132
  de chocolate, 132
  de vainilla, 139, 148, 206, 218, 220
pumpkin pie spice, 188
psyllium, 40

Q

queso, 17
  0 % materia grasa, 56
  burrata, 28, 60
  cheddar, 114
  crema *light*, 172, 186, 200
  crema, 38, 152, 156, 170, 174, 178
  emmental, 94, 114
  feta, 36
  fresco, 200
  gorgonzola, 78
  Idiazábal, 80
  mascarpone, 170
  mozzarella, 18, 94, 114
  parmesano, 38, 78, 90, 98, 110
  rallado, 26, 80, 82, 86, 110
  vegano, 26, 68, 90, 94, 98, 104

R

romero, 30, 44, 50
rúcula, 28, 72, 92

S

sal, 22, 24, 28, 32, 34, 36, 38, 40, 42, 44, 46, 48, 50, 56, 58, 60, 62, 64, 66, 72, 74, 78, 80, 82, 84, 86, 88, 90, 92, 94, 96, 98, 100, 102, 104, 106, 108, 112, 116, 140, 164, 194, 212, 222
  en escamas, 212
salmón ahumado, 54
salsa
  de soja, 112
  de tomate, 26, 56, 64
tamari, 30
teriyaki, 112
seitán, 30, 38, 102, 108
sésamo, semillas de, 108, 112
  negro, 46, 70
  tostado, 54
setas, 34,
  shiitake, 104
sirope, 124, 126, 148
  de agave, 40, 140, 152, 158, 162, 184, 194
  de arce, 180
  de arce sin azúcar, 22, 114, 184
  sin azúcar, 132, 140, 152, 158, 194, 218
soja
  salsa de, 112
  texturizada, 62
sucralosa líquida, 139, 176, 204, 218, 220

T

tahini, 214
teriyaki, 112
tofu, 26, 30, 102, 112
  firme, 64
  marinado, 30, 54
tomate, 14, 58
  cherry, 15, 74
  frito, 26
  pera, 92
  salsa de, 26, 56, 64
  seco, 28
  sin azúcar, 64, 68, 82, 84, 108, 110
  triturado, 62, 66, 68, 96
tomillo, 44, 48, 50
tortilla
  de trigo, 26
  de maíz, 90
totopos, 58, 90
turrón, 136, 139

V

vainilla, 50, 128, 136, 144, 146, 152, 156, 160, 162, 164, 166, 180, 184, 186, 188, 192, 198, 206, 216
  en pasta, 196, 210
  esencia de, 126, 132, 140
  líquida, 200
  proteína de, 139, 148, 206, 218, 220
  saborizante de, 170, 190, 210
  vaina de, 124, 130, 154
vinagre, 18, 72, 86, 100
vino blanco, 80

Y

yogur, 178, 184, 188, 218, 220
  de coco, 90, 148
  griego, 56, 64, 82, 100, 136, 206
  natural, 50, 198, 202
  vegetal, 42, 82, 126

Z

zanahoria, 19